중앙·북아메리카 Central North America

고대문명 조감도

File 33 마야 문명 / Section 1

뜨거운 햇볕이 내리쬐는 중앙아메리카에 긴 역사를 새긴 거대한 문명

지금으로부터 약 1만 3,000년 전, 베링 해협을 지나
중앙아메리카의 유카탄 반도에 도착한 황색인종은
이곳에 특징이 뚜렷한 문자와 달력, 그리고 수많은 피라미드 등으로 대표되는
독자적인 문명을 쌓아 올렸다.
그 문명이 바로 훗날 고도의 석조 건축 기술로 스페인 인들을 경탄케 한
거대한 밀림 속의 문명, 마야 문명이다.

치첸 이차 유적 내에 있는 전사(戰士)의 신전과 카스티요라고 부르는 피라미드. 치첸 이차는 후기 마야 문명을 대표하는 도시이지만, 같은 시기에 멕시코 고원에 번성하던 톨테카 문명으로부터도 많은 영향을 받았다.

밀 깊숙한 곳에
설된 도시 문명

File 33 마야 문명

| 마야판 | 1200년~1450년 |
치첸이사의 내분 속에서 왕을 쓰러트린 마야판족이 건설한 도시. 치첸이사의 쇠퇴 후 마야 문명의 중심 도시가 된다. 그러나 그런 마야판도 마지막에는 내분으로 멸망했다.

| 치첸이사 | 700년~1500년 |
고대기에 번성하던 도시가 알 수 없는 쇠퇴를 거친 후 세력을 확대해 마야 문명의 중심으로 변영했다. 그러나 그 후 내분으로 쇠퇴해 마야판에 중심의 자리를 넘겨주게 된다.

반도

| 코바 | 기원전 400년~기원후 1500년 |

| 카바 | 900년경~1200년경 |
후고전기의 도시 유적. 라브나와 같은 푸크 양식의 건축물이 남아 있다. 벽 한 면을 비의 신 차크의 가면으로 덮은 코즈포프라고 부르는 진귀한 신전이 있다.

| 툴룸 | 1200년~1500년 |
카리브 해를 마주 보고 있는 소도시. 카리브 해 교역을 위한 항구 도시였던 것으로 생각된다. 도시 주위를 성벽으로 둘러싸고 그 위에 감시대를 설치해 외부의 공격에 대비했다.

카리브 해

벨리즈

| 라브나 | 900년경~1200년경 |
후고전기의 소도시. 지붕이 평평하고 벽에 조각이나 모자이크를 만드는 푸크 양식이라고 부르는 아름다운 건조물이 있다.

라마나이	기원전 400년~기원후 1650년
알툰하	기원전 200년~기원후 900년
카리콜	기원전 300년~기원후 900년

페드로 술라

온두라스

카리브 해를 내려다보는 벼랑 위에 지어진 툴룸 유적

테구시갈파

| 우아작툰 | 기원전 1800년~기원후 1000년 |
티칼에서 북쪽으로 약 40km 떨어진 곳에 있는 도시 유적. 춘분과 하지, 추분, 동지에 해가 뜨는 위치를 나타낸 대규모 천체 관측 시설이 있다. 원래는 독립해 있었지만 전쟁 끝에 티칼에 지배당하고 말았다.

| 코판 | 기원전 1400년~기원후 800년 |
온두라스 서단에 위치한 코판 강 부근에 건설된 대도시 유적. 강력한 왕조가 존재해 마야 동남부 지역의 중심으로 번영했다.

| 티칼 | 기원전 1000년경~기원후 900년경 |
고전기 시대에 마야 문명의 중심으로서 크게 번성한 대규모 도시 유적. 거대한 피라미드 신전이 다섯 개 있다. 그중에서도 4호 신전이라고 부르는 신전은 마야 문명 최대의 피라미드로, 그 높이는 약 70m에 이른다.

니카라과

구아 | 기원전 400년경~기원후 800년경
대의 유적. 오랫동안 코판의 지배를 받았지만, 비문 738년에 코판과 싸워 독립을 쟁취했다고 한다. 마야서 가장 높은 높이 11m의 스텔라라고 부르는 돌기

티칼의 피라미드형 신전

00년~기원후 900년
있는 도시. 고전기에는 인배를 받았지만, 고전기 말기를 반대로 세력을 확대해 파로 성장했다.

B.C.3000
B.C.2800
B.C.2600
B.C.2400
B.C.2200
B.C.2000
B.C.1800
B.C.1600
B.C.1400
B.C.1200
B.C.1000
B.C.800
B.C.600
B.C.400
B.C.200
A.D.1
A.D.200
A.D.400
A.D.600
A.D.800
A.D.1000
A.D.1200
A.D.1400
A.D.1600
A.D.1800

경쟁적으로 건설된 피라미드

마야 문명…. 중앙아메리카의 과테말라 공화국을 중심으로 멕시코의 유카탄 반도, 벨리즈, 엘살바도르 공화국 일대에 번성했던 이 문명의 시작 시기는 약 3,200년 전으로 거슬러 올라간다. 이 무렵 멕시코 만 연안부에 중앙아메리카 최초의 문명인 올메카(Olmeca) 문명1)이 나타났다. 마야 문명의 선구자로 기원전 1200년경에 성립된 이 문명의 영향으로 당시 정착 농경생활을 하던 마야 인은 대규모 집락을 형성했고, 기원전 1000년경에는 훗날 마야 문명의 중심도시가 되는 티칼에 사람이 살기 시작했다. 처음에는 올메카 문명의 영향 하에 있었지만, 자신들의 집락, 그리고 사회를 형성함에 따라 서서히 독자성을 가지게 되었으며 기원전 400년경에는 문자를 사용하는 수준으로까지 발전했다.

그들의 사회는 인구가 증가하면서 더욱 발전했고, 집락은 점차 도시 국가로 성장해 나갔다. 이 무렵 태평양 연안에서는 카미날후유(Kaminaljuyu)와 아바호 타칼리크(Abaj Takalik) 같은 도시가 번성했으며, 기원전 350년경에는 마야 저지에서도 엘 미라도르(El Mirador)와 라마나이(Lamanai) 등의 도시가 발전했다. 또 독자적인 달력인 마야 달력이 사용된 것도 이 무렵이다.

250년경이 되자 문명의 중심은 카미날후유 등의 태평양 연안에서 마야 저지로 넘어갔고, 마야 문명은 이 땅에서 번영을 맞이했다. 각지에서 왕을 정점으로 한 도시 국가들이 패권을 걸고 싸웠으며, 또 그 전쟁의 기록과 왕조의 역사 등이 비석과 제단에 새겨지게 되었다.

이러한 도시 국가의 정점에 선 곳은 현재의 과테말라 북부에 위치한 티칼(Tikal)2)이었다. 최전성기에는 인구가 10만 명에 이르렀다고 한다. 그러나 그 후 티칼은 인근 도시인 칼라크물(Calakmul)에 패해 세력이 약화되었다. 그리고 그 사이에 다른 도시들이 크게 발전함에 따라 마야 저지는 군웅할거의 시대에 돌입했다. 멕시코와 과테말라의 국경 부근에 위치한 약스칠란(Yaxchilan), 과테말라 중북부의 세이발(Seibal), 온두라스의 코판(Copan) 등 각지의 도시에서 인구가 급증했고, 거대한 피라미드가 차례차례 건설되었다. 마야 문명이 절정기를 맞이한 것이

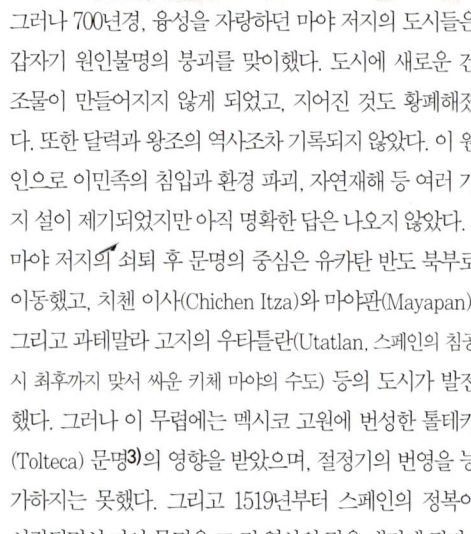

▶1841년에 F. 캐더우드(Frederick Catherwood, 1799~1854)가 그린 치첸 이차의 당시 모습. 이미 완전히 황폐해져 아무도 살지 않는 상태였다.

▲팔렌케에서 발견된 제사용 비취 가면. 팔렌케를 번영으로 이끈 왕인 파칼의 것으로 여겨진다. 발견 당시는 조각조각 깨져 있는 상태였지만 복원되어 지금의 모양이 되었다.

다. 현재 남아 있는 유적은 대부분은 이 무렵의 것이다.

그러나 700년경, 융성을 자랑하던 마야 저지의 도시들은 갑자기 원인불명의 붕괴를 맞이했다. 도시에 새로운 건조물이 만들어지지 않게 되었고, 지어진 것도 황폐해졌다. 또한 달력과 왕조의 역사조차 기록되지 않았다. 이 원인으로 이민족의 침입과 환경 파괴, 자연재해 등 여러 가지 설이 제기되었지만 아직 명확한 답은 나오지 않았다.

마야 저지의 쇠퇴 후 문명의 중심은 유카탄 반도 북부로 이동했고, 치첸 이사(Chichen Itza)와 마야판(Mayapan), 그리고 과테말라 고지의 우타틀란(Utatlan, 스페인의 침공 시 최후까지 맞서 싸운 키체 마야의 수도) 등의 도시가 발전했다. 그러나 이 무렵에는 멕시코 고원에 번성한 톨테카(Tolteca) 문명3)의 영향을 받았으며, 절정기의 번영을 능가하지는 못했다. 그리고 1519년부터 스페인의 정복이 시작되면서 마야 문명은 그 긴 역사의 막을 내리게 된다.

1) **올메카(Olmeca) 문명** : 시코 만 베라크루스 주 남부에서 타바스코 주에 걸친 지역을 중심으로 기원전 1500년~기원후 300년까지 유지되었던 문명. 서쪽은 중앙고지를 넘어 멕시코 서부까지, 남쪽은 중미의 코스타리카까지 영향을 미쳐 메소아메리카 문명의 어머니라고도 불린다.

2) **티칼(Tikal)** : 과테말라 북부, 페텐 지방에 있는 마야 고전기(300경~900경)의 대유적으로 대건축이 집중되어 있다. '아크로폴리스'라고 하는 기단과 그 위의 건물군, 피라미드 형 신전, 200여의 비석, 10만 점의 제사용구와 장신구, 100만 점 이상의 토기편 등이 발굴되었다. 250~550년경에는 마야권 최대의 제사센터, 교역의 중심지로서 전성기를 이루었다.

3) **톨테카(Tolteca) 문명** : 멕시코의 후고전기 전기의 대표적인 문화. 7세기 말 테오티우아칸 문화가 붕괴한 후 10세기경 톨테카 족이 지배력을 획득해 투라를 수도로 정했다. 그들은 테오티우아칸 문화의 기술적인 전통을 계승하였다. 고전기 문화와의 차이점은 당시의 군사력 우위의 세태를 반영해서 힘을 과시하는 건축물, 석조 등이 중요시된 것에 비해 토기, 토우, 장식품 등 작은 것에는 주력하지 않았다는 점이다.

▼보남팍 유적에서 발견된 벽화. 화사한 색상으로 그려진 벽화는 당시의 전쟁 모습을 생생하게 전한다.

밀림 너머로 저무는 태양을 배경으로 우뚝 서 있는 티칼의 피라미드

럽 Europe  고대로의 접근

Section 6 / Unit 03

File 29 알렉산드로스 제국 《히에로글리프》

샹폴리옹의 히에로글리프 해독 이야기

고대 이집트에 관해서는 현재 상세한 부분까지 밝혀졌다.
이것은 이집트 문명이 문자를 가진 문명이어서 수많은 문서가 발견되었기 때문이며,
나아가 그 문서가 해독되었기 때문이다.
나폴레옹의 이집트 원정 당시 발견된 「로제타스톤(Rosetta Stone)」.
그것은 고대 이집트 문자 해독의 열쇠가 기록된 보물 상자였다.
그리고 그 상자를 연 사람은 바로 프랑스의 고전·언어학자 샹폴리옹이었다.

장 프랑수아 샹폴리옹의 초상화. 나폴레옹과 함께 이집트로 가고 싶어 했던 형과는 달리 그는 반(反) 나폴레옹 사상의 소유자였다. 학교에서 「이상적인 정치 체제는?」이라는 교사의 질문에 많은 학생이 「나폴레옹의 제정」이라고 대답했지만, 오직 그만은 「공화제」라고 대답했다고 한다.

이집트 원정 최대의 수확

1798년, 프랑스의 영웅 나폴레옹(Napolon Bonaparte, 1769~1821)은 병사 3만 8,000명을 이끌고 이집트 원정을 떠났다. 알렉산드리아에 상륙한 나폴레옹은 작전대로 이집트를 지배하에 두는데 성공했다. 그러나 라이벌인 영국이 이것을 팔짱 끼고 지켜보기만 할 리는 없었다. 명제독 넬슨(Horatio Nelson, 1758~1805)이 이끄는 영국 함대가 파견되어 순식간에 이집트를 해상 봉쇄했다. 위기를 감지한 나폴레옹은 혼자서 몰래 본국으로 탈출했는데, 탈출 직전에 영국의 이집트 탈환을 저지하고자 요새를 구축해 방비를 강화하라고 부하에게 지시했다.

그런데 이 명령이 세기의 대발견으로 이어졌다. 알렉산드리아 동쪽에는 15세기에 지어진 오래된 요새가 있었는데, 이것을 개축하여 사용하기 위해 참호를 파던 한 병사가 이상한 문자가 가득 새겨진 커다란 검은 돌을 발견한 것이다.

프랑스 군과 동행했던 학자들은 「로제타스톤」이라는 이름이 붙은 이 돌의 귀중함을 금방 깨달았다. 그들은 어떻게든 이 돌을 프랑스로 가지고 돌아가기 위해 고심했지만, 결국 그 노력은 물거품이 되고 말았다. 1801년에 프랑스 군이 마침내 영국군에 항복한 것이다. 이때 교환된 항복 문서에는 이번 이집트 원정에서 입수한 이집트의 물품을 전부 영국군에 넘긴다는 조항이 있었다. 영국 역시 로제타스톤을 주목하고 어떻게든 입수하려 한 것이다. 이렇게 해서 로제타스톤은 대영 박물관에 전시되는 운명이 되었다. 그러나 프랑스 인들도 지고만 있지는 않았다. 이 돌에 적힌 문자를 해독한다는, 발견 이상으로 중요한 작업을 그들의 손으로 이루어낸 것이다.

 고대인의 본모습

다언어 문서 로제타스톤

기원전 196년에 만들어진 로제타스톤은 이집트의 왕 프톨레마이오스 5세의 업적을 기리는 축제를 연다는 포고문이었다. 그러나 정말 중요한 것은 그 내용이 아니라, 「히에로글리프」, 「데모틱(Demotic)4)」이라고 부르는 두 종류의 고대 문자와 해독 가능한 그리스어가 각각 비문에 새겨져 있다는 사실이다. 「히에로글리프」는 「신성문자(神聖文字)」라고 부르며, 기원전 3000년 이전부터 기원후 394년까지 사용되었다고 알려져 있다. 이 「히에로글리프」는 회화적, 장식적이어서 일생생활에서 사용하기에는 적합하지 않았다. 그래서 나온 것이 히에로글리프를 간략화한 「히에라틱(Hieratic)5)」이며, 이것을 「신관문자(神官文字)」라고 부른다. 그리고 이것을 더욱 간단하게 만든 문자가 바로 「민중문자(民衆文字)」라고 부르는 「데모틱」이다. 기입 형태로 미루어볼 때 이 세 종류 언어로 기록된 비문은 아마도 같은 내용으로 추측되는데, 무엇보다 그 중 하나는 읽을 수 있는 그리스어라는 점에서 획기적이었다. 따라서 이것이 고대 이집트 문자의 해독에 커다란 진전을 불러왔음은 쉽게 상상할 수 있을 것이다.

▼이집트 고고학을 비약적으로 발전시킨 비보(秘寶) 로제타스톤은 높이 114cm, 폭 72cm, 두께 28cm, 무게 762kg의 검은 화강암 비석이다.

1단계 《히에로글리프(신성문자)》 14줄
이집트 인이 처음에 사용한 문자는 히에로글리프였다. 왕의 묘나 신전의 벽 등에 적혀 새겨진 이 문자는 매우 회화적이며 장식으로서도 훌륭하지만, 문자의 종류가 약 7,000개나 되기 때문에 읽고 쓰려면 고도의 수련이 필요했다.

2단계 《데모틱(민중문자)》 32줄
데모틱은 기원전 650년경부터 사용되기 시작한 문자다. 히에로글리프를 간략화한 형태인데, 상당한 흘림체여서 언뜻 현재의 아랍 문자처럼 보이기도 한다. 이 문자가 사용되던 무렵의 이집트는 페르시아 제국의 지배하에 있었다.

3단계 《그리스어》 54줄
그리스 문자는 당시 오리엔트 지방의 공통어였다. 그리스 문자를 사용하는 마케도니아가 기원전 4세기에 오리엔트 지방 전체를 지배했기 때문이다. 그러나 지배한 지 얼마 되지 않았던 이집트에서는 그리스 문자를 읽을 수 있는 사람이 적었던 까닭에 이 비문은 세 가지 문자로 새겨졌다.

▼아래 표시한 로제타스톤의 확대 부분은 모두 「프톨레마이오스」를 의미한다. 이 부분이 바로 히에로글리프 해독의 가장 큰 열쇠가 되었다

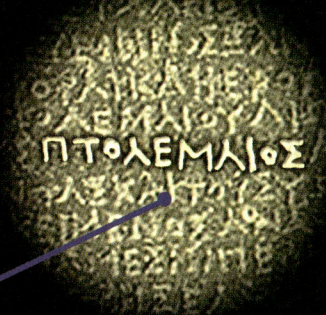

4) 데모틱(Demotic) : 고대 이집트 문자(세 종류) 서체 중 하나로 민중문자라고 일컫는다. 또 이 문자로 표기된 언어를 의미하는 때도 있다. 기원전 7세기부터 히에라틱 대신으로 필기용 서체가 되었으나, 약기(略記)의 정도는 시대에 따라 진보, 서기(書記)에 따른 개인차도 크다. 프톨레마이오스 왕조(기원전 304년~기원전 30년)에서는 이집트어와 그리스어를 병용하여 포고할 경우, 히에로글리프와 함께 석재에 조각했다.

5) 히에라틱(Hieratic) : 고대 이집트 문자 3종류의 서체 중 하나로 신관문자 혹은 제사문자(祭司文字)를 의미한다. 히에로글리프를 파피루스, 목판, 오스트라카 등에 갈대 펜으로 기록하기 위해서 고왕국 시대(기원전 2686년경~기원전 2181년경)부터 발달해온 필기용의 약기체다. 실용적으로는 기원전 7세기에 데모틱이 대신하게 되는데, 그 이후에도 파피루스에 기록하는 종교문서의 문자로 사용되어 이 이름이 생겼다.

제가 해독해 보겠습니다

나폴레옹이 이집트 원정을 떠나기 8년 전인 1790년, 훗날 고고학계에 불멸의 이름을 남기는 장 프랑수아 샹폴리옹(Jean-Francois Champollion, 1790~1832)이 책 장사를 하던 샹폴리옹 가문의 둘째로 태어났다. 12살 터울의 형 자크 조셉 샹폴리옹(Jacques Joseph Champollion-Figeac, 1778~1867)은 이 어린 동생을 매우 정성껏 돌봤고, 동생도 형을 크게 믿고 의지했다. 독학 고고학자였던 형은 나폴레옹이 해외 원정에 동행할 학자를 모집하자 이에 응모했다. 안타깝게도 나폴레옹의 눈에 들지는 못했지만, 그는 그 후에도 학문에 정진해 일류 지식인으로서 사회적으로 인정받는 학자가 되었다.

샹폴리옹은 그런 형으로부터 알파벳을 배웠다. 그리고 초등학교에 다니며 라틴어와 헤브라이어, 아라비아어, 시리아어 등을 배웠다.

그런 그가 고대의 언어를 처음 접한 것은 1803년에 형의 소개로 유명한 물리학자 푸리에(Jean Baptiste Joseph Fourier, 1768~1830)를 만났을 때였다. 나폴레옹과 인연이 깊어서 이집트 원정에도 참가했던 푸리에는 이 소년에게 몇 가지 「보물」을 보여줬는데, 그 가운데 로제타스톤의 사본이 있었다. 비록 실물은 영국에 넘어갔지만 탁본과 그 사본을 프랑스로 가지고 돌아올 수 있었던 것

이다. 이 사본은 소년 샹폴리옹의 호기심과 탐구심을 강하게 자극했다. 반짝이는 눈망울로 히에로글리프를 가리키며 이 문자가 무슨 의미냐고 질문하는 샹폴리옹에게 푸리에는 쓴웃음을 지으며 「아직 아무도 모른단다」라고 대답할 수밖에 없었다. 그런데 그 대답을 들은 소년의 눈은 더욱 반짝였다. 「그렇다면 제가 해독해 보겠습니다」. 그는 흥분을 감추지 못하며 이렇게 선언했다고 한다.

히에로글리프 해독 경쟁

로제타스톤의 발견을 계기로 전 세계의 언어학자들이 그 비석에 새겨진 고대 문자를 해독하고자 힘을 쏟았다. 프랑스의 실베스트르 드 사시(Antoine Isaac Silvestre de Sacy, 1758~1838)와 스웨덴의 오케르블라드(Johan David Akerblad, 1763~1819) 등이 대표적인 인물이다. 그러나 해독은 난항을 거듭했다. 그러한 때에 샹폴리옹도 본격적으로 해독 연구를 시작했다. 그는 자신의 설인 콥트어(Coptic language)[6]와의 연관성을 포착하기 위해 수년에 걸쳐 콥트어 연구에 몰두했다. 그 결과 1810년에는 히에로글리프에 음성을 재현시키는 기능이 있음을 확신하고 1813년에는 이집트 인이 대부분의 경우 모음을 표기하지 않는다는 점에 주목하는 등 착실히 실체에 접근해 갔다.

그러던 때 갑자기 영국인 토머스 영(Thomas Young, 1773~1829)이 해독 경쟁에 새로 뛰어들었다. 유명한 물리학자인 그에게는 날카로운 분석력과 경제적 여유, 그리고 자신에 대한 자부심이라는 무기가 있었다. 과연 누가 최초로 해독에 성공할 것인가? 영국과 프랑스 양국민은 로제타스톤을 둘러싸고 또다시 불꽃 튀는 경쟁을 벌이게 되었다.

6) 콥트어(Coptic language) : 고대 이집트어의 계통을 따른 언어로 그리스도교 콥트교회 교도들이 16세기경까지 일상어로 사용하던 언어. 후기 이집트어, 현대 이집트어라고도 부른다.

샹폴리옹의 히에로글리프 해독 방법

샹폴리옹은 먼저 로제타스톤의 「프톨레마이오스 5세」라고 추측되는 문자(위)와 아스완에서 발견된 오벨리스크의 「클레오파트라 3세」로 추측되는 문자(아래)를 비교, 검토해 두 이름에서 공통되는 스펠링인 P, O, L을 추정했다(T를 나타내는 기호는 달랐지만, 같은 음을 나타내는 문자도 있다고 생각했다).

그 후 이런 지루한 작업을 반복하며 다른 문제도 해독해 나갔다.

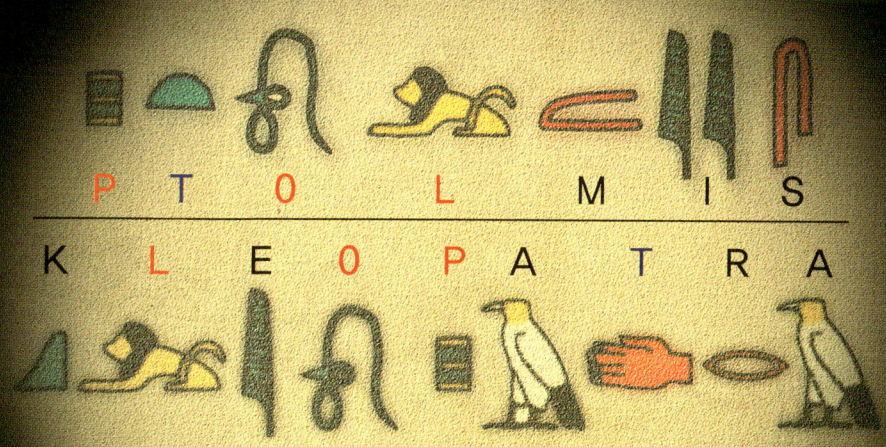

 고대인의 본모습

 히에로글리프의 문법

히에로글리프의 표기법은 「일본어」와 비슷하다. 음성을 나타내는 「표음문자」는 히라가나에, 의미나 개념을 나타내는 「표의문자」는 한자에 해당한다. 히에로글리프의 표음문자 자체는 현대의 알파벳에 가깝다고 할 수 있다. 유럽인으로서는 이런 복잡한 구성을 해독하기가 어려웠다. 그러나 만약 일본인이 해독 작업에 참가했다면 어땠을까? 단언할 수는 없지만, 해독이 조금 빨리 끝났을지도 모른다.

한편, 일본어와는 크게 다른 점도 있다. 그것은 모음을 표기하지 않는다는 점이다. 모음을 표기하지 않는다면 문자로서는 불완전성이다. 그래서 「결정사(決定詞)」라는 문자가 등장한다. 예를 들어 어떤 단어를 「PJ」라고 썼다고 가정하자. 여기에 「말(馬)」을 뜻하는 결정사를 적어 넣으면 「PJ」는 말과 관계된 것이 되어 「PyunJa=편자」라는 단어가 된다. 이와 같이 결정사에 따라 「PJ」를 「PanJa=판자」, 「PyungJi=평지」 등으로 구별해 사용할 수 있는 것이다.

▲샹폴리옹의 이집트 여행에 동행한 화가 로셀리니(Ippolito Rosellini, 1800~1843)가 그린 아부심벨 신전의 벽화 복원도. 당시의 연구 성과는 1835년부터 간행된 「이집트와 누비아의 역사적 건조물」에 정리되어 이집트 연구의 기틀이 되었다.

해독의 열쇠가 된 카르투시

샹폴리옹과 영은 「카르투시(Cartouche)」라는 기호에 주목했다. 이것은 히에로글리프의 일부를 다른 것과 구별해서 둘러싸는 타원을 가리킨다. 그리스어 비문과 비교해 볼 때 이것이 주로 왕의 이름을 나타내는 것임은 쉽게 상상할 수 있었다. 샹폴리옹은 카르투시로 둘러싼 8개의 기호열에 주목하고 그것이 「프톨레마이오스」를 뜻한다고 가정했다.

영 또한 똑같은 가정을 세우고 독자적으로 해독을 진행했다. 그러나 영은 해독을 서두른 나머지 핵심을 빗겨나가고 말았다. 자부심이 강했던 그는 이집트 문자의 용법에서는 모음을 표기하지 않을 때가 있다는 점을 이미 샹폴리옹이 발표했음에도 그것을 받아들이려 하지 않았다. 이 때문에 영의 해독은 결국 불완전한 수준에 그치고 말았다.

풀었어, 드디어 풀었다고!

한편 샹폴리옹은 한 발씩 해독에 근접해 갔다. 그는 로제타스톤에 새겨진 히에로글리프의 수와 그리스어 단어의 수를 세어 봤다. 히에로글리프는 음이 아니라 개념을 나타낸다는 기존의 정설을 검증하기 위해서였다. 그렇게 해서 세어 본 결과 히에로글리프는 1,419개, 그리스어 단어는 486개였다. 즉 히에로글리프가 「단어」라고 보기에는 수가 너무 많은 것이다. 그러나 그렇다고 해서 「음성」을 나타낸다고 보기에도 수가 너무 많았다.

그래서 그는 로제타스톤 이외의 자료를 이용해 카르투시 안의 문자를 철저히 비교함으로써 알파벳을 특정해 나갔다. 이것은 마치 퍼즐을 맞추는 것과 같은 작업이었으리라. 하나의 알파벳을 확인할 때마다 점점 조각이 채워지고, 다음 조각을 끼울 장소도 자연스럽게 드러난다. 작업이 진행될수록 샹폴리옹의 흥분은 점점 강해졌다.

그리고 1822년 9월 14일, 샹폴리옹의 흥분은 마침내 최고조에 달했다. 머릿속에서 영감이 번뜩이며 드디어 히에로글리프의 본질을 발견한 것이다. 「하나의 글자가 한편으로는 『음성』을 나타내며 다른 한편으로는 『단어』를 나타낸다. 이 두 가지가 혼재되어 있다」. 그는 형이 일하는 도서관으로 정신없이 달려가 형의 앞에서 「풀었어, 드디어 풀었다고!」라고 소리치고는 그 자리에서 쓰러져 의식을 잃었다. 그리고 죽은 듯이 잠에 빠져들어 며칠 동안 일어나지 않았다고 한다. 32세에 이루어낸 위대한 업적이었다.

이 연구 성과는 몇 가지 논문으로 정리되어 학계에 발표되었다. 첫 번째 논문은 건강이 좋지 않았던 동생을 걱정한 형이 옆에서 받아 적으며 작성한 것이라고 한다.

지금도 대영박물관에 전시되어 있는 로제타스톤

샹폴리옹의 히에로글리프 해독 이야기-4

아프리카 Africa　　문명의 무대

Section 3 / Unit 01
File 21 카르타고　《상인의 도시 카르타고》

바다에서 살아간 상인의 도시 카르타고

로마와 지중해의 패권을 다퉜던 국가 카르타고.
한니발 장군이 로마를 멸망 직전까지 몰고 갔던 것으로 유명한 고대 아프리카의 강국이다.
그러나 카르타고의 진정한 강함은 군사력이 아니라 경제력이었다.
우수한 항해술과 교묘한 장사 수완으로 지중해를 지배했던 카르타고 인.
그 거점이었던 해상 교역 도시 카르타고를 해부한다.

카르타고의 여왕 디도와 이야기를 나누는 아이에이아스, 의자에 앉아 있는 사람이 디도다. 17세기 초엽에 그려진 벽화.

형제였던 라이벌 국가

아이네이아스(Aineias)7)는 눈이 휘둥그레졌다. 수많은 사람이 돌로 만든 도로와 성벽을 순식간에 건설해 나갔다. 이들을 지휘하는 사람은 한 여성이었다. 여신처럼 아름다운 그 여성은 카르타고의 여왕 「디도(Dido)」 혹은 「엘리사(Elissa)8)」였다. 배를 타고 북아프리카의 미개한 땅에 도착한 디도가 선주민으로부터 토지를 얻자 그곳에 새로운 도시를 건설하기 시작한 것이었다. 아이네이아스는 갓 완성된 신전에서 여왕과 만났다. 디도는 아이네이아스에게 연심을 품고 함께 이 도시를 통치하자고 제안했다. 그러나 아이네이아스는 그 제안을 거절하고 다시 배에 몸을 실었다. 사랑하는 이를 놓친 디도는 슬픔을 이기지 못하고 칼로 자신의 가슴을 찌르고 불속에 뛰어들어 자결하고 말았다….

이상은 로마의 서사시 『아이네이스(Aineis)9)』에 나오는 카르타고 건설 이야기다. 아이네이아스는 트로이 전쟁의 영웅 중 한 명이다. 트로이 왕의 사위였던 그는 트로이가 멸망하자 아들과 시종 몇몇을 데리고 바다로 탈출

해 멀리 서지중해에 닻을 내렸다. 당시 한창 건설 중이었던 카르타고에 도착한 것이다. 그 후 이탈리아로 건너간 그는 「라비니움(Lavinium)」을 건설하였으며, 그의 사후 아들인 아스카니우스는 라비니움을 떠나 로마의 남동쪽 알바 산기슭에 「알바 롱가(Alba Longa)」라는 도시를 건설했는데, 이 알바 롱가에서 훗날 로마의 시조가 되는 로물루스(Romulus)가 태어났다. 이렇게 약 50년의 시간 차이를 두고 건설된 카르타고(기원전 814년경)와 로마(기원전 753년경)는 유랑 여행을 떠난 끝에 서지중해에서 안주할 땅을 얻었다는 「탄생 과정」이 매우 비슷하다. 그러나 이 두 나라는 그 후 지중해의 패권을 겨루는 라이벌이 되었으며, 결국 패배한 카르타고는 로마의 손에 역사에서 완전히 지워지고 만다.

7) 아이네이아스(Aineias) : 그리스 로마 신화에 나오는 영웅 중 한 명으로 트로이 전쟁에서 헥토르에 버금가는 용맹을 떨쳤다. 트로이 함락 후 추종자들을 이끌고 7년의 유랑 끝에 이탈리아의 라티움에 정착하여 그곳의 왕녀와 결혼한 후 라비니움을 건설하였다. 로마 인의 시조로 추앙받고 있다.

문명의 무대

8) **디도(Dido) 또는 엘리사(Elissa)** : 그리스 로마 신화에 나오는 카르타고의 창건자이자 첫 여왕. 티로스의 왕녀였지만 형제인 피그말리온이 남편을 죽이자 추종자들을 이끌고 아프리카로 건너가 카르타고를 세운다. 이후 카르타고가 번영하자 이를 질투한 이웃나라의 왕 이아르바스가 협박으로 결혼을 요구하고 백성들이 이를 따를 것을 원하자, 죽은 남편에게 절개를 지킬 것을 맹세했던 디도는 타오르는 불 위에 올라가 스스로 목숨을 끊는다. 『아이네이스』에서는 이것을 아이네이아스와 결부시켜 아이네이아스가 떠나자 이에 절망한 나머지 스스로 가슴을 찌르고 불로 뛰어드는 것으로 묘사하고 있다.

9) **아이네이스(Aineis)** : 로마 최대의 시인 베르길리우스의 장편 서사시. '아이네이스'는 '아이네이아스의 노래'라는 뜻으로 트로이의 영웅 아이네이아스가 7년간의 방랑 끝에 라티움에 정착, 로마 제국의 기초를 세우게 된다는 줄거리다. 이는 로마 건국의 역사를 신화의 영웅과 결부시키려는 웅대한 구상에서 나온 것이며, 호메로스의 작품과 비교하여 기교가 있고 장려한 것이 특징이다. 하지만 베르길리우스는 이 서사시를 완성하지 못하고 죽는다.

▶페니키아 인의 상선. 페니키아 인은 그리스와 어깨를 나란히 하는 고대 지중해 지방의 항해 민족이다. 그들의 배는 티로스 주변에서 많이 자라던 레바논 삼나무라는 커다란 나무로 만들어졌다.

▼카르타고 인의 용모를 나타낸 것으로 전해지는 유리 제품

항해 민족 페니키아 인

「카르타고」는 국명인 동시에 도시의 이름이기도 하다.
『아이네이스』에 따르면 소아시아에 있던 페니키아 인의 도시 국가 티로스(아랍어로는 티레)의 왕녀인 디도가 오빠인 피그말리온(Pygmalion)에게 남편이 살해당하자 심복과 함께 배를 타고 북아프리카로 넘어가 카르타고를 건설했다고 한다.
유대인과 마찬가지로 셈 족에 속하는 페니키아 인은 팔레스타나와 현재의 시리아 주변에 살았는데, 남쪽

▼카르타고 군항의 단면도

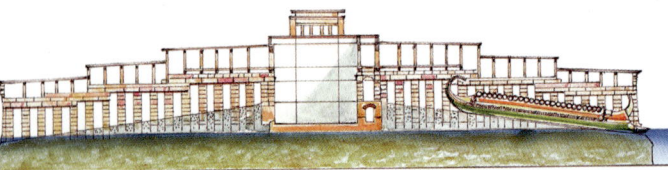

군항
직경 300m의 원형 수로가 군항이다. 중앙의 섬에는 함대 사령부와 도크가 설치되어 있다. 주위에는 선고가 있으며, 그 안에는 220척이나 되는 군함이 수용되어 있었다.

상용항
사구를 파서 만든 사각형 항구로, 그 넓이는 가로 300m, 세로 500m에 이르렀다. 이 상용항을 코톤이라고 불렀다.

바다에서 살아간 상인의 도시 카르타고-2

한노의 탐험 항해

항해 민족인 카르타고 인은 미지의 대해에 도전한 모험심 넘치는 민족이었다. 그들은 지브롤터 해협을 넘어서 북스페인의 카디스에 도달해, 그곳에서 나는 주석을 본국으로 운반하는 항로를 개척했다. 기원전 450년경에는 더 북쪽으로 가 브리튼에 도착한 히밀코라는 인물도 있다.

기원전 425년경에는 한노라는 인물이 이끄는 함대가 지브롤터 해협을 통과해 대서양을 통해 남쪽으로 내려갔다. 한노는 배 60척에 3만 명의 남녀와 식량을 실었다고 한다. 선단은 식민 도시를 건설하면서 전진했고, 해안의 원주민이 「신의 전차」라고 부르는 분화하는 화산의 기슭을 가로질러 「남쪽 뿔」이라고 부르는 만에 도착했다. 이곳에서 한노는 정글 안에 「고릴라」라고 부르는 털북숭이 야만인이 많이 산다는 이야기를 듣고 즉시 야만인 사냥에 들어갔다. 그리고 여성 고릴라 세 명을 잡아 죽여서는 껍질을 벗겨 카르타고에 가지고 돌아왔다고 한다. 이 고릴라가 우리가 아는 유인원 고릴라를 가리키는지는 정확하지 않지만, 만약에 그렇다면 한노가 도착한 장소는 현재의 카메룬이 아니었을까 추측된다.

▼카르타고의 복원도

신전
표고 70m의 비르사 언덕에 지은 신전. 이 언덕은 신성한 구역이었으며, 남사면에는 묘지가 있었다.

시가지
시가지는 좁은 도로와 처마를 맞댄 고층 주거 건물로 구성된 밀도 높은 지역이었다.

성벽
총 길이 38km에 이르는 성벽이 시가지를 둘러싸고 있었다.

으로는 이집트, 북쪽으로는 히타이트라는 대국 사이에 끼어 있어 육상으로는 영토 확대가 불가능했기 때문에 바다로 진출하기 시작했다. 그리고 기원전 1150년부터 기원전 850년 사이에 티로스와 비블로스, 시돈 등 동지중해 연안에 도시를 건설했으며, 그 후 약 100년 동안에 멀리 서지중해 지방까지 진출했다.

페니키아 인이 이렇게 먼 곳까지 세력을 확대할 수 있었던 까닭은 그들이 우수한 항해술을 보유했기 때문이었다. 또 항상 새로운 장사 거리와 고객을 찾는 그들의 상인 기질이 그것을 뒷받침했다.

카르타고는 기원전 814년에 건설되었다. 당시의 이름은 「카르트 하다슈트(Kart-Hadasht, 새로운 도시)」였는데, 이것이 변해서 카르타고가 되었다고 한다.

페니키아 인의 도시는 하나같이 통상 거점으로 발전했는데, 그중에서도 카르타고는 눈부신 성장을 보이며 점차 다른 도시의 중심적 존재가 되었다. 한편 그때까지 페니키아 인의 모도시(母都市)였던 티로스는 기원전 332년에 페르시아 원정 중이던 알렉산드로스에 의해 파괴되었다.

항구 도시 카르타고

카르타고는 항구 도시였다. 항구 도시는 당연히 항구를 중심으로 형성되는데, 건설 조건이 의외로 까다롭다. 바다에 접해 있어야 함은 당연하고, 선착장이 외양의 거친 파도에 직접 노출되지 않아야 한다. 파도가 거칠면 잔교에 배를 대기 어려우며 짐을 싣고 내리기도 힘들기 때문이다. 따라서 항구는 후미를 이용하는 것이 기본이다. 그러나 후미라고 해서 다 이용할 수 있는 것도 아니다. 대부분 후미 연안은 모래톱이 없는 깎아지른 듯한 절벽인 경우가 많기 때문에 내린 짐을 보관할 공간을 마련할 수 없으며, 또 내륙에서 짐을 마차로 운반하기도 쉽지 않다.

항구 도시의 시가지 쪽도 조건이 험하기는 마찬가지다. 먼저 입항한 배를 수리할 수 있는 선공(船工)이 일정 수 이상 살아야 한다. 또 상륙한 선원에게 술과 음식을 제공하기 위한 여관이 있어야 한다. 그리고 그 도시가 크게 발전하려면 내린 짐을 팔 「배후지」가 필요하다. 배후지에는 일정 규모 이상의 인구와 그 인구를 유지하기 위한 최소한의 농업 생산력이 필요하다.

그러나 이 모든 조건을 만족하는 장소를 발견하기는 그리 쉬운 일이 아니다. 그래서 페니키아 인들은 인공적으로 그런 환경을 만드는 방법을 생각해냈다.

카르타고는 현재 튀니지의 수도인 튀니스 근교에 있는. 원래라면 항구로 적합하지 않은 얕은 해안에 건설되었다. 하지만 페니키아 인들은 내륙을 향해 수로를 파고 그 안에 항구를 배치했다. 수로에는 수문이 있어서 외양으로부터 밀려드는 높은 파도와 물결을 막아 줬다. 부두의

문명의 무대

공간은 충분해서, 짐을 보관할 창고와 배를 수리할 도크, 배를 넣어 두기 위한 선고(船庫, 작은 배를 넣어두는 창고)까지 갖춰져 있었다. 그리고 해안선을 따라 지어진 높고 두꺼운 성벽이 해적 또는 적의 기습으로부터 항구를 보호했다. 이런 항구 건설 방식이 오늘날에야 드물지 않지만 당시로서는 좀처럼 볼 수 없는 대사업이었다.

배후지로는 리비아 인이라고 부르던 아프리카 선주민이 사는 토지가 있었다. 당시 북아프리카는 현재만큼 사막화가 진행되지 않았으며 농작물도 그럭저럭 산출되었다. 뼛속까지 뱃사람이자 상인이었던 페니키아 인에게 이와 같은 도시 구조는 그들이 생각할 수 있는 가장 이상적인 형태였다.

카르타고에 사는 사람들

그렇다면 카르타고에는 어떤 사람들이 살고 있었을까? 초기에는 페니키아 인이 살았는데 그들은 포에니 인이라고도 불렸다. 그 후 주변에 살고 있던 리비아 인이 점차 카르타고에서 살기 시작했다. 리비아 인은 주로 배후지에서 농업과 임업에 종사하며 카르타고의 식량을 책임지는 중요한 역할을 맡고 있었다. 이 두 민족은 밀접한 관계였기 때문에 최종적으로 카르타고 인은 리비아 인과 페니키아 인의 혼혈 민족이 되었을 것으로 생각된다.

그 밖에는 그리스 인과 흑인이 있었다. 그리스 인은 상인으로서 카르타고에 일시적으로 머무른 듯하지만, 시내에 그들의 거주구가 있었다고 할 정도이므로 상당한 인원이 이 도시에서 살았던 것으로 생각된다. 반면에 흑인은 노예였다. 당시 그리스와 로마에서도 소수이지만 흑인 노예가 거래되고 있었으므로 카르타고에도 흑인이 있었음은 확실해 보인다.

카르타고의 정치 체제는 귀족제였다. 상인 국가였으므로 귀족은 당연히 부자를 의미한다. 부상(富商)들은 원로원을 형성하고 관료 자리를 독점했다. 그래서 일반 대중에게는 정치에 참가할 기회가 없었다. 폐쇄적이고 보수적인 정치 시스템이었기 때문에 민주적이었던 그리스 인이나 로마 인은 이 체제를 비난했다. 그러나 카르타고의 귀족들은 철저한 합의제를 지향했고, 그 덕분에 야심가 또는 독재자의 출현이나 당파 간의 무의미한 정쟁은 피할 수 있었다.

오로지 돈벌이

그러나 정치 체제 이외에도 카르타고 인에 대한 동시대 사람들의 평가는 좋지 못하다. 「오로지 돈을 벌 궁리만 한다」, 「무슨 말인지 이해하지 못하는 척하며 사람을 속인다」, 「유머를 이해하지 못한다」, 「흘러넘칠 만큼 돈을 많이 가지고 있으면서 쓰려고 하지 않는다」. 이런 평가는 대체로 그들을 적대시하던 그리스 인과 로마 인의 주장이므로 곧이곧대로 받아들일 수는 없다. 그러나 아니 땐 굴뚝에 연기가 날 리는 없는 법이니, 그들에게 그런 측면이 강했던 것은 사실로 보인다.

실제로 그들이 놀라운 도시 유적을 남기고 유럽을 종횡무진으로 움직이며 폭넓게 활약했음에도 유적에서는 문학이나 회화 같은 예술 작품이 거의 출토되지 않았음을 생각하면 오락을 그다지 중시하지 않았음은 분명한 사실이라고 할 수 있다.

카르타고의 급속한 세력 확대도 그들이 미움 받는 이유 중 하나였을 것이다. 페니키아 도시의 리더가 된 카르타고는 새로운 식민지를 차례차례 개척하며 단기간에 서지중해를 지배하는 거대한 영토를 손에 넣었다. 기원전 300년경에는 현재의 스페인 남부와 알제리, 튀니지, 모로코, 그리고 사르디니아 섬과 시칠리아 섬 서부에 이르는 거대한 세력권을 형성했다. 원래 그 지역의 교역을 독점하던 그리스 인으로서는 당연히 카르타고의 진출을 좋게만 바라볼 수 있는 일이 아니었다.

카르타고는 멸망해야 한다

카르타고의 번영은 오래 지속되지 않았다. 불행히도 시칠리아를 사이에 두고 지중해 맞은편에 로마라는 라이벌이 대두됐기 때문이다. 양국은 세 차례에 걸친 치열한 전쟁을 벌였는데, 이 전쟁을 「포에니 전쟁」이라고 부른다.

카르타고 인은 전쟁을 싫어했다. 뼛속까지 상인이었던 그들은 영토의 확대에는 그다지 흥미가 없었던 듯하다. 전쟁 영웅을 우상시하지도 않았다. 그래서 카르타고 군은 용병이 주축을 이루었다. 로마나 그리스의 군대가 애국심 넘치는 시민들로 구성되었던 반해 용병은 진심으로 싸우려 하지 않는다. 따라서 작전이 멋지게 들어맞았을 경우는 승리를 거두기도 했지만, 대부분은 싸우려는 의지가 더 강한 적을 상대로는 고전을 면치 못했다.

결국 카르타고는 기원전 264년에 벌어진 제1차 포에니 전쟁(기원전 264~기원전 241)에서 지중해의 제해권과 시칠리아 영토를, 기원전 218년에 시작된 제2차 포에니 전쟁(기원전 218~기원전 202)에서는 본국 카르타고 주변 이외의 모든 영토를 잃고 말았다. 오랜 세월에 걸쳐 쌓아 올

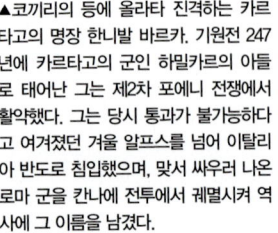

▲코끼리의 등에 올라타 진격하는 카르타고의 명장 한니발 바르카. 기원전 247년에 카르타고의 군인 하밀카르의 아들로 태어난 그는 제2차 포에니 전쟁에서 활약했다. 그는 당시 통과가 불가능하다고 여겨졌던 겨울 알프스를 넘어 이탈리아 반도에 침입했으며, 맞서 싸우러 나온 로마 군을 칸나에 전투에서 궤멸시켜 역사에 그 이름을 남겼다.

렸던 성과를 전부 잃어버린 것이다.

그러나 여전히 이 나라를 위협적인 존재로 생각한 모양인지, 로마는 다 죽어가는 카르타고에 도저히 수용할 수 없는 억지스러운 요구를 했다.

「카르타고 인은 현재의 토지를 버리고 내륙으로 이주하라」라는 것이었다. 상업 민족인 카르타고 인의 생명선은 바다에 있었다. 따라서 바다를 잃은 카르타고는 멸망한 것이나 다름없었다. 인내심의 한계를 느낀 카르타고는 로마와의 3번째 전쟁을 결의한다. 기원전 149년의 일이다.

왜 로마는 카르타고를 도발했을까? 로마에게 카르타고는 그 무엇과도 비교할 수 없는 위협적인 존재였다. 처음에 카르타고의 해군력을 두려워했던 로마는 제1차 포에니 전쟁의 강화 조약을 통해 카르타고의 해군력을 제한했다. 그러나 제2차 포에니 전쟁에서는 한니발(Hannibal, 기원전 247~기원전 183)이 이끄는 카르타고 군이 육로를 통해 이탈리아로 침공했다. 「바다가 안 된다면 육지로」의 방법이었다.

그래서 제2차 포에니 전쟁의 강화 조약을 맺

▶ 카르타고의 유적에서 출토된, 바알 신에게 몰록을 바치는 신관을 모습을 새긴 석비

 카르타고에는 인신공희(人身供犧)가 있었다!?

로마 인들에게는 「카르타고 인은 잔인하다」라는 소문이 자자했다. 대낮에 도심부에서 검투사들의 사투를 보며 열광하던 로마 인도 현대인의 감각으로는 충분히 잔인하지만, 그런 로마 인이 볼 때도 잔인했다면 카르타고 인에게는 어지간히 잔혹한 풍습이 있었음이 틀림없다. 사실 그 풍습은 그들의 종교와 관련이 있었다.

카르타고의 종교는 페니키아의 신화에서 각 도시의 수호신으로 나오는 바알(Ba'al)이라는 신을 섬기는 다신교였다. 바알은 셈어로 「주(主)」라는 의미로, 태양을 뜻하는 「바알 에쉬문(Ba'al Eshmun)」 밑에 수많은 바알이 있었다. 이러한 바알 숭배는 티로스 시대부터 이어져 내려온 페니키아 인의 전통이다.

카르타고 인은 신앙심이 깊은 민족이었다. 무슨 일이 있을 때마다 바알에게 기도했으며, 바알의 이름으로 정해진 엄격한 계율을 지키고 제사를 지냈다. 산제물도 바알을 숭상하는 방법 중 하나였다.

이 제물을 「몰록」이라고 불렀는데, 사람이 제물로 바쳐질 경우는 주로 장남이 몰록이 되었다. 이것은 카르타고 인이 남성을 경시했거나 아이에 대한 애정이 없었기 때문이 아니다. 오히려 「자신에게 가장 귀중한 것을 신에게 바친다」라는 성의의 표현이었다.

의식은 저녁에 진행되었다. 부모가 의식장에 서 있는 바알 신의 청동 조각상 앞으로 제물이 될 아이를 데리고 간다. 그러면 신관은 많은 사람이 지켜보는 가운데 아이의 목을 찌르고 시체를 불에 던졌다. 이 의식은 언제 열렸을까? 매년 열렸던 시대도 있었던 모양이지만, 일반적으로는 특별한 때, 무엇보다도 위기에 직면했을 때 열렸다고 한다. 기원전 310년, 시라쿠사와의 전쟁으로 카르타고가 위기에 빠졌을 때는 200명이나 되는 귀족이 아이를 제물로 바치기도 했다.

문명의 무대

을 때 로마는 카르타고의 육군력과 스페인 등 유럽 대륙에 있는 영토까지 모두 빼앗았다. 이렇게 하면 이제 더는 반항하지 못할 것이라고 생각했다.

그러나 카르타고는 굴하지 않았다. 그들은 자신들에게 남은 마지막 무기, 즉 경제력을 이용해 로마에 도전했다. 제2차 포에니 전쟁에서 패배한 카르타고는 로마에 막대한 배상금을 지급하기로 약속했다. 그 금액은 아마도 카르타고의 경제를 50년은 마비시킬 것으로 예측될 만큼 엄청난 규모였다. 그러나 카르타고는 그 금액을 불과 10년 만에 전부 지급했다. 군비를 제한 당함에 따라 오로지 경제에만 힘을 쏟았기 때문이다.

이것이 로마 인의 불안감을 부채질했다. 도대체 이 나라는 얼마나 더 우리를 괴롭혀야 직성이 풀리는 것일까? 이번에는 어떤 방법으로 싸움을 걸어올까? 하고 말이다.

이렇게 해서 로마에서는 「카르타고는 멸망시켜야 한다」라는 목소리가 점점 높아졌다.

잡학 노트 — Trivia note

여기에도 한니발, 저기에도 한니발

카르타고의 역사서를 읽다 보면 똑같은 이름만 계속 나와서 당황하게 된다.

일례로 한니발이 있다. 제2차 포에니 전쟁의 영웅인 한니발 바르카 말고도 기원전 410년에 시라쿠사 원정대를 지휘한 동명의 장군이 있다. 또 그 장군의 할아버지이며 기원전 480년에 북시칠리아의 히메라에서 시라쿠사의 참주(僭主)와 싸운 장군의 이름은 하밀카르인데, 기원전 311년에 시라쿠사의 참주 아가토클레스를 치기 위한 원정대의 총대장 역시 하밀카르이며, 한니발 바르카의 아버지와 동생도 하밀카르였다. 앞에서 소개한 시라쿠사 원정대장 한니발의 부하인 브리튼 항로를 개척한 사람과는 동명이인인 히밀코이며, 그 히밀코의 부하로 해군을 이끈 사람은 마고였다. 그런데 마고는 카르타고의 정계를 좌지우지하며 귀족 정치의 기틀을 다진 인물의 이름이기도 하다. 그리고 한니발 바르카의 막내 동생의 이름 역시 마고였다.

한노의 항해로 유명한 한노도 마찬가지다. 기원전 5세기 말부터 약 반세기에 걸쳐 시라쿠사의 참주 디오니시우스와 시칠리아의 패권을 다툰 장군 한노, 기원전 4세기에 쿠데타를 일으켜 카르타고의 정치 체제를 뒤엎고 독재 정권을 세우려 했다가 실패한 한노, 아가토클레스와 전쟁 중에 카르타고 본국을 수비하던 장군 중에도 한노라는 사람이 있다. 이처럼 동명이인이 넘쳐나는 까닭에 혼란을 겪지 않고 카르타고의 역사를 이해하기는 쉬운 일이 아니다.

사라진 카르타고

카르타고의 최후는 처참했다. 군비를 제한 당했던 카르타고는 변변한 무기도 없었지만, 모든 국민을 동원해 로마 군에 맞서 싸웠다. 남녀노소가 총동원된 농성전이었다. 그러나 3년에 걸친 싸움 끝에 카르타고는 결국 함락되고 말았다. 성벽을 넘어 침입한 로마 병사들은 도시를 철저히 파괴했다. 가옥을 불태우고 벽을 무너트렸으며, 신전이 있었던 언덕도 깎아내 평지로 만들어 버렸다. 주민들은 대부분 살해당했고, 간신히 살아남은 사람들도 모두 노예로 팔려나갔다.

이렇게 해서 카르타고의 역사는 마침표를 찍었다. 최후의 조치로 로마 군 사령관은 흔적조차 남지 않은 이 토지에 소금을 뿌렸다고 전해진다.

▶ 카르타고에서 사용했던 은화. 포에니 전쟁 당시의 것으로 알려져 있다.

카르타고의 주거지 유적. 제3차 포에니 전쟁으로 이 도시는 완전히 폐허로 변했다.

고대 인도의 성스러운 왕, 아소카 왕

South Eurasia | 고대인의 본모습
File 16 고대 인도 여러 왕조 《아소카 왕》

붓다의 열반으로부터 약 100년 뒤, 인도에 한 왕이 등장했다.
왕의 이름은 아소카. 사상 최초로 인도를 거의 통일한 그는,
자신이 벌인 전쟁으로 많은 사람이 희생된 것을 슬퍼하며 그때까지의 확장 정책을 크게 바꿨다.
「아육왕(阿育王)」이라는 이름으로 한자문화권에 알려진 아소카.
불교 전설로 채색되고 성왕으로 숭앙받는 그의 본모습은 과연 어떠했을까?

인도 역사상 가장 유명한 명군(明君)

아소카 왕(Asoka, 기원전 304~기○○, 재위는 기원전 ○○경부터 약 140년에 걸쳐 인도를 지배한 「마우리아 ○○의 제3대 ○왕이다. 아소카는 고대 인도어인 산스크리트어로 「무우(無○)」, 즉 근심이 없다는 의미인데 아소카의 어머니가 그를 낳았을 때 전○○이 완전히 ○해져 이렇게 이름을 지었다고 한다.

기원전 260년경, 아소카는 인도 동부 ○○지역○○○○○이○○○했다. 이에 따라 인도 아대륙(亞○○) ○○ 남○ 세○○○○○○○○이 마우리아 왕조의 세력권이 ○○○○○○○○○○○○○○○○○조와 우호 관계를 맺고 있었기 ○○○○○○○○이 ○○○최초의 인물이라고 할 수 있다.

그러나 아소카 왕이 오늘날 명군○○○○○○○○○○○○통일의 위업 때문이 아니다. 가장 큰 이유○ ○○○ 무력을 사용한 정복 정책을 버리고 「다르마(Dharma, 올바른 ○의 원리)」를 통한 정치를 펼친 데에 있

다. 다르마는 산스크리트어로 「법」을 의미하는데, 이것은 단순히 법률을 가리키는 것이 아니라 규범, 정의, 선, 의무 등 폭넓은 의미를 담은 인도 사상의 기본 개념이다.

아소카는 다르마에 따른 ○○를 살○지 세를 사람들에게 전파하고, 또 왕○ 관리들도 다르마를 ○○○○정치를 함으로써 다르마를 바탕으로 ○○○○○가 건설을 목표○○○○○○ 것이다.

○○ ○○(Kalinga) : 인도의 고대 ○○. 동부 해안지방에 위치하였으며 기원전 4세기경 ○○○○○○까지 번영한 왕조였으나 마우리아 왕조의 침입을 받고 멸망하였다. 칼링○ ○○○○○○○ 많은 죄○ ○ ○○끼고 ○교에 의한 법의 지배를 널리 전파하게 되었○○○

◀아소카 왕이 만든 돌기둥의 꼭대기에 있었던 4사자 기둥머리의 복원된 모습
(도쿄 후지 미술관, 아소카 · 간디 · 넬슨전 카탈로그에서 전재)

고대 인도의 성스러운 왕, 아소카 왕-1

고대인의 본모습

아소카 왕의 생애

아소카는 마가다 국 마우리아 왕조의 제2대 왕인 빈두사라(Bindusara, 기원전 320~기원전 272)의 왕자로 태어났다. 마가다 국은 갠지스 강 중류 유역에 세워진 나라로, 붓다의 시대부터 서서히 강국이 되어 인도 전역을 통일하고자 주변 국가를 상대로 정복 전쟁을 벌이고 있었다. 아소카는 성장하자 지방을 통치하는 태수로 속주에 파견되었고, 여기에서 통치자로서 경험과 힘을 키웠다. 그러나 그가 왕위에 오르려면 그것만으로는 불가능했다. 왕에게는 수많은 왕자가 있었기 때문이다. 부왕 빈두사라가 병으로 죽자 왕자들 간의 왕위 계승 다툼이 시작되었다. 총명하고 야심도 있었던 아소카는 이 싸움에서 승리했고, 기원전 268년경에 마우리아 왕조 제3대 왕의 자리에 올랐다. 그러나 그는 이 싸움 동안 99명에 이르는 형제를 죽여야 했다. 다만 이때까지의 아소카는 이러한 참극을 그다지 신경 쓰지 않았던 것으로 생각된다. 그는 그때만 해도 야심가에 걸맞는 비정한 인물이었던 것이다.

불교 경전에 기록된 이야기에 따르면, 아소카는 즉위 후에도 잔인하기 이를 데 없었다고 한다. 자신을 경멸한 대신 500명의 목을 잘랐고, 그의 뜻을 따르지 않았던 궁녀 500명을 불태워 죽였다. 또한 문을 화려하게 장식한 건물을 만들고 그곳으로 들어간 사람을 그 자리에서 죽이기도 했다. 이와 같이 그의 폭정은 상상을 초월했으며, 사람들은 모두 그를 두려워했다고 한다. 물론 이런 이야기가 전부 사실로는 생각되지 않는다. 옛날이야기이기도 하고, 아소카는 그 후에 불교로 개종해 선량한 왕이 되었기 때문에 개종 전의 왕을 일부러 잔인하게 묘사함으로써 개종으로 변모한 그의 모습을 극적으로 보이게 하기 위한 연출임이 분명하기 때문이다. 다만 이 시점에서 아소카가 아직 다르마를 통한 정치에 뜻을 두지 않았으며 조부(찬드라굽타)11) 때부터 계속된 영토 확장 정책을 계속하려 했음은 사실이다. 그래서 때로는 비정한 행위도 할 수밖에 없었을 터이므로 전설로 전해지는 이야기는 어느 정도는 사실이 섞여 있다고 인정해야 한다.

아소카에게 인생 최대의 사건인 불교 귀의는 즉위 8년째에 일어났다. 이 해에 그는 유일하게 남았던 동쪽의 대국 칼링가 국을 정복함으로써 대대로 이어진 마우리아 왕조의 인도 통일을 달성했다. 그러나 아소카는 이 정복 전쟁이 많은 희생자를 낳았다는 사실에 괴로워했다. 왕이 남긴 비문에 따르면, 수십만 명이 목숨을 잃고 바라문(婆羅門)12)이나 불교수행자(사문(沙門))13) 같은 종교인과 도덕적인 민중 등 죄 없는 사람들이 희생된 것을 알고 깊이 후회했다고 한다. 그리고 이 후회의 마음에서 아소카는 다르마를 통한 정치를 하기로 결심한 것이다.

아소카는 먼저 다르마의 이념과 법을 설명한 법령을 발포하고, 그것을 각지의 바위와 돌기둥에 새기게 했다. 그 내용은 첫째로 동물을 포함한 살생의 금지, 둘째로 부모에 대한 순종, 윗사람에 대한 존경, 친구에 대한 예의 등 도덕적인 내용, 셋째로 각 종교와 종파가 서로를 존중하라는 것이었다. 그리고 아소카는 이 다르마를 널리 퍼트리기 위해 새로이 「법대관(法大官)14)」이라는 관직을 만들어 그들을 영내는 물론 서방의 그리스 인 국가, 남방의 스리랑카까지 파견했다. 또 아소카는 관리들을 대상으로도 다르마를 바탕으로 한 규범과 의무를 정해 정치를 하도록 했으며 자신

▲부조에 새겨진, 불교 유적을 순례하는 아소카 왕. 인도 중부에 있는 산치 유적에 있다. 산치 유적에 있는 스투파의 문 등에 다수 새겨져 있는 이와 같은 부조는 당시의 모습을 생생하게 전해 준다. (도쿄 후지 미술관, 아소카 · 간디 · 넬슨전 카탈로그에서 전재)

보리수(菩提樹)

붓다를 사모한 아소카는 많은 불교 유적을 순례하며 예배를 올렸는데, 특히 붓다가 그 밑에서 명상해 깨달음을 얻었다고 알려진 보리수를 중요하게 생각하며 수없이 찾아왔다고 한다. 이 보리수는 몇 차례의 꺾꽂이와 포기나누기를 거쳐 현재도 부다가야의 마하보디 사원 일대에 가지를 뻗고 있다.

◀아소카 왕이 건설한 스투파라고 부르는 불탑. 산치 유적에 있다. 전해지는 이야기에 따르면 아소카 왕은 이런 불탑을 8만4000개나 세웠다고 하지만, 물론 이것은 과장된 숫자다. 실제로 아소카 왕이 건설한 것은 30~40개 정도로 생각되고 있다.

고대 인도의 성스러운 왕, 아소카 왕-2

악녀였던 아소카 왕비

전해지는 이야기에 따르면, 아소카 왕의 제1왕비인 티슈야라크샤(Tishyaraksha)는 상당한 악녀였다고 한다.

불교에 깊이 귀의한 아소카는 많은 불교 유적을 보호했는데, 그중에서도 붓다가 깨달음을 얻은 보리수를 특히 소중히 생각했다. 그러나 티슈야라크샤는 그런 왕의 행위에 강한 질투를 느꼈다. 나무를 질투하다니 잘 이해가 되지 않겠지만, 사실은 산스크리트어로 보리(菩提)를 나타내는 「보디」라는 말은 여성의 이름이기도 해서 티슈야라크샤는 보리수를 여성으로 오해했던 것이었다. 강렬한 질투심에 사로잡힌 티슈야라크샤는 주술사를 불러 보리수에 저주를 걸었고, 보리수는 그 저주로 말라 죽기 직전까지 갔다고 한다. 그 후 오해가 풀려 보리수는 다시 부활할 수 있었지만, 티슈야라크샤의 행위는 왕비의 자리에 있는 사람으로서는 조금 경솔했다. 그러나 왕비의 「악행」은 여기에서 끝나지 않았다.

아소카의 아들 중에는 황태자가 된 쿠날라(Kunala)라는 아름다운 왕자가 있었는데, 티슈야라크샤는 쿠날라를 보고 첫눈에 반해 버렸다. 다른 왕비가 낳은 아들이기 때문에 모자라고는 해도 혈연관계는 아니었지만, 이 또한 왕비로서는 자제해야 하는 감정이다. 그러나 티슈야라크샤는 참지 못하고 쿠날라에게 사랑을 고백했고, 쿠날라는 당연히 이를 거절했다. 그런데 티슈야라크샤는 이에 원한을 품었던 것이다. 어느 날 쿠날라가 반란을 진압하기 위해 지방으로 떠났을 때 왕의 명령서를 위조해 그의 두 눈을 파내게 했다. 거절당한 것이 어지간히 분했던 모양인데, 참으로 자제심이 없는 무서운 인물이다. 훗날 이 사실을 안 아소카 왕은 크게 노해 티슈야라크샤를 불태워 죽였다.

이 전설도 픽션의 느낌이 강하긴 하지만 실제로도 쿠날라는 황태자 시절 실명된 탓에 왕좌를 이을 수 없었고, 결국 그의 아들 삼프라티의 재능을 인정한 아소카 왕이 다사라타(마우리아 왕조 제4대 왕)의 후계자로 삼프라티를 지명했다고 한다.

◀아소카 왕이 세운 돌기둥의 일부. 여기에는 다르마의 이념을 설명한 법령이 새겨져 있다. 아소카 왕은 이와 같은 법령을 새긴 돌기둥을 각지에 건설해 그 이념을 보급하는데 힘썼다.

용모

사실 아소카 왕의 용모는 그다지 빼어나지 않았으며, 오히려 추한 편이었다고 전해진다. 전해지는 이야기에 따르면 왕자 시절의 아소카는 그 추한 용모 때문에 왕에게 미움을 받아, 변변한 장비도 받지 못한 채 지방의 반란을 진압하러 갔다고 한다.

도 그것을 실천했다. 왕에게 올라온 상소가 있으면 어떤 때라도, 설령 식중독에 걸렸거나 침실에 있더라도 알리게 했으며, 재판을 할 때는 공평함과 관용을 잃지 않으려 노력했다. 또 각지에 사람과 동물을 위한 병원을 세우고, 과일나무를 심고 우물과 휴식처를 마련하는 등 사회 복지 사업을 활발히 펼쳤다.

이와 같은 다르마를 바탕에 둔 아소카 왕의 정치에는 불교 사상의 영향을 크게 받았다고 알려져 있다. 아소카 왕의 비문에는 칼링가 전쟁이 끝난 지 얼마 되지 않아 불교로 개종했다는 기술이 있으며, 전승에 따르면 아소카 왕은 붓다의 유골(불사리(佛舍利))을 모신 불탑을 각지에 건립하고, 붓다가 탄생한 땅이나 깨달음을 얻은 땅 같은 불교 유적을 순례했다고 한다. 이것을 보면 아소카 왕이 불교를 소중히 여긴 것은 사실로 보인다. 그러나 아소카 왕의 다르마 사상은 기본적으로 모든 종교에 공통되는 도덕적인 사상이었고, 관리들에게 모든 종교를 존중하고 보호해야 한다고 법령으로 규정하는 등 결코 불교만을 중시하지 않았으며 자신의 종교를 사람들에게 강요하지도 않았다.

11) 찬드라굽타 : 마우리아 왕조의 창시자(재위 기원전 321~기원전 297). 마가다 지방의 출생으로 난다 왕조를 멸망시키고, 인도 역사상 최초의 대통일 국가를 세웠다. 시리아 왕 셀레우코스 1세의 인도 침입을 격퇴하고, 강화를 맺어 그 후 통상의 길을 텄다. 활발한 정복 사업을 펼쳐 광대한 영토를 장악하였다.

고대인의 본모습

▶아소카 왕이 건설한 돌기둥. 꼭대기에는 사자 조각이 있다. 사자는 고대 인도에서 성스러운 동물로 여겨져 수많은 돌기둥 위에 조각되었다.

12) **바라문**(婆羅門) : 고대 인도의 네 가지 계급 중 최고 계급으로 종교인인 승려들이 이 계급에 위치한다. 이 네 가지 계급은 바라문 외에 다음 지위로 관리가 되는 찰제리(刹帝利), 찰제리 밑에서 상공업 등에 종사하는 폐사(吠奢), 농업이나 도살 등 천한 직업에 종사하는 술타래(戌陁羅)로 구성되어 있다.

13) **사문**(沙門) : 여러 곳을 편력하며 토론과 명상을 하는 유행자를 가리키며 인도에서는 예로부터 가정을 떠나 수도하는 종교생활자를 통칭하는 말로 사용되었다. 불교가 일어난 후에는 불교의 승려들만을 가리키는 말로 쓰였다.

14) **법대관**(法大官, dharmamahamatra) : 아소카 왕이 만든 관직으로 오로지 다르마의 보급만을 담당하는 특별한 관리이다.

아소카 왕의 죽음

▼크툽 미나르에 있는 아소카의 기둥. 표면에 새겨진 산스크리트어 비문에 따르면 5세기 초엽에 죽은 찬드라굽타 2세를 위해 세워진 것으로 생각된다.

나이를 먹음에 따라 아소카 왕의 불교에 대한 신앙심은 점점 강해져, 만년에는 사원에 거액을 보시(布施)하기 시작했다. 그런데 이것이 물의를 빚었다. 국고를 걱정한 대신들이 아소카 왕의 손자이자 부왕이기도 한 삼프라티(Samprati, 쿠날라의 아들)와 모의해 아소카 왕을 연금시키고 보시를 금지시킨 것이다.

국고의 돈을 보시할 수 없게 된 아소카 왕은 자신의 금식기를 보시했다. 이에 식기를 전부 은으로 바꾸어 버렸다. 그러나 아소카 왕이 이것마저 보시했기 때문에 결국은 흙으로 만든 식기로 바꿔 버렸다. 그리고 아소카는 얼마 후 죽음을 맞이한다. 즉위한 지 36년 뒤의 일이다. 보시할 것이 없어진 아소카 왕은 자신의 무력함을 한탄하며 할 수 없이 자신에게 남은 마지막 재산인 망고 반쪽을 사원에 보냈다. 승려들은 이것을 갈아서 스프에 넣어 모두가 함께 마셨다고 한다.

이 아소카 왕의 만년 일화도 후세의 창작일 가능성이 높

다. 그러나 아소카 왕의 즉위 후 27년째를 마지막으로 법령을 기록한 비문과 돌기둥이 더는 건설되지 않은 것을 보면 아소카가 만년에 지배력을 잃은 것은 사실로 추정된다.

아소카 왕의 최대 업적은 불교를 융성시킨 것이다. 그의 치세에 폭발적으로 신도를 늘린 불교는 이윽고 아시아 전역에 전파되어 세계 3대 종교의 하나로 꼽힐 만큼 성장했다.

그러나 한편 그의 왕국은 비참한 최후를 맞이했다. 아소카 왕이 세상을 떠난 뒤 인도는 다시 전란의 시대에 돌입했다. 왕국은 분열을 거듭했으며, 마우리아 왕조는 50여 년 뒤에 장군이었던 푸샤미트라 슝가15)의 쿠데타로 멸망했다. 다르마를 통해 만인이 화합하고 올바르게 생활한다는 아소카 왕의 이상은 그의 죽음과 함께 막을 내린 것이다.

15) **푸샤미트라 슝가**(Pusyamitra Sunga) : 마우리아 왕조의 군사령관으로 기원전 185년 마우리아 왕조의 마지막 왕 브리하드라타를 암살하고 슝가 왕조를 세웠다. 1세기 조금 넘게 유지된 슝가 왕조는 전성기 마우리아 왕조에 비할 수 없을 만큼 약했으며, 기원후 320년경 굽타 왕조가 인도를 재통일하기까지 인도는 분열의 시대를 겪었다. 하지만 굽타 왕조 역시 마우리아 왕조의 판도에 훨씬 미치지 못했다.

▼중국 산시성의 동굴에 만들어진 거대한 불상. 아소카 왕의 보호 아래 크게 발전한 불교는 그 후 인도에서는 쇠퇴했지만 중국과 동남아시아, 한국과 일본 등지로 전래되어 많은 사람이 믿는 종교가 되었다.

Science eye — 녹슬지 않는 쇠기둥, 아소카 기둥의 수수께끼

인도의 수도 뉴델리의 근교에 있는 크툽 미나르(Qutub Minar)라는 이슬람 사원에는 아소카의 기둥이라고 부르는 쇠기둥이 있다. 지름 약 44㎝, 높이 6.9m, 순도 99.72%의 철로 만들어진 이 거대한 쇠기둥은 놀랍게도 거의 녹이 슬어 있지 않다. 야외에 세워진 쇠기둥이 건조 후 1,600년이나 되는 세월 동안 녹슬지 않고 남아 있다는 것은 상식적으로 생각할 수 없는 일이기 때문에 아소카의 기둥은 오파츠16)로 취급되어 왔다.

그러나 최근의 연구를 통해 쇠기둥에 들어 있는 다량의 인이 철과 결합해 쇠기둥의 표면에서 인산철이 되었고, 이것이 쇠기둥을 녹으로부터 지키는 보호막의 역할을 하고 있다는 설이 일반적이 되었

다. 즉 아소카의 기둥을 반드시 오파츠로 볼 수는 없게 된 것이다. 물론 보호막이 우연의 산물인지 만든 사람들의 의도에 따른 것인지는 알 수 없으므로 신기한 현상임은 틀림없지만….

또 이 아소카의 기둥은 아소카라는 이름이 들어갔지만 아소카 왕이 만든 것이 아니라 그로부터 약 700년 뒤인 5세기 초반에 만들어졌다. 아소카의 기둥은 아소카 왕이 인도 각지에 만들고 법령을 기록한 돌기둥을 가리키며, 이 쇠기둥도 같은 기둥 모양이기 때문에 혼동한 것으로 보인다.

16) **오파츠**(OOPARTS, Out of place artifacts) : 고고학이나 고생물학에서 그 시대에는 있을 수 없는 물체를 이르는 말.

우라시아 남부 South Eurasia　문물과 생활

Section 4 / Unit 01
File 14 인더스 문명　《인더스 인의 복장》

인더스 인의 패션 사정

지금으로부터 약 4,600년 전, 인더스 강 부근에 모헨조다로와 하라파 등
고도의 도시를 건설한 인더스 인.
그들이 어떤 생활을 했는지는
인더스 문자가 해독되지 않은 탓도 있어서 아직 수수께끼에 싸여 있다.
그러나 출토된 장식품이나 테라코타상 등을 보면
인더스 인은 우리의 상상보다 훨씬 화려한 장식품으로 몸을 치장했던 듯하다.

인더스 인의 또 다른 얼굴

패션(Fashion)은 「유행」을 의미하는 외래어인데, 일반적으로는 복장을 가리킨다. 아마도 현대인 중에 패션에 무관심한 사람은 없을 것이다. 누구나 「지금 유행하는 옷」을 한 벌쯤은 가지고 있기 마련이다. 「유행을 쫓는 건 내 취향이 아니야」라고 말하는 사람도 중요한 외출을 할 경우에는 자기 나름의 감각으로 옷을 갖춰 입기 마련이다.

그렇다면 인간은 언제부터 패션에 신경을 쓰게 되었을까? 사실 사람들은 아주 먼 옛날부터 자신의 몸을 열심히 치장했다. 4대 문명 중 가장 수수께끼에 싸여 있는 인더스 문명에서도 패션은 모두의 중대한 관심사였다.

인더스 문명 최대의 도시인 모헨조다로의 가옥 마루 밑에서 은으로 만든 단지가 하나 발견되었다. 목면포에 싸여 소중히 보관되었던 흔적이 남아 있는 그 단지 안에는 천연석 비즈로 만든 매우 화려한 장식품이 들어 있었다. 즉 그 단지는 장식품을 소중히 보관하기 위한 보석함이었던 것이다. 이런 장식품은 그 후에도 계속 발견되었는데, 목걸이와 허리띠 장식, 머리 장식 등 종류도 매우 다양했다. 또 그와 동시에 이러한 장식을 몸에 걸친 여성의 상도 다수 발견되었다.

이와 같은 다양한 출토품은 단순히 도시 설계자로만 알려졌던 인더스 인에게 또 다른 측면이 있었음을 보여준다. 아름다운 장식품으로 몸을 감싼 화려한 인더스 인의 모습이 그려지기 시작한 것이다.

17) 테라코타(terra-cotta) : 원어는 구운 흙을 뜻하나, 일반적으로는 미술적 조각 작품의 소재를 말한다. 유래는 매우 오래되어 석기 시대 또는 그것과 병행하여 발명된 것으로 보고 있다.

하라파 유적에서 출토된 테라코타상17). 장식품으로 몸을 치장한 인더스 여성을 표현했다.

인더스 인의 패션 사정-1

문물과 생활

출토품으로 보는 그들의 모습

당시 인더스 인의 복장은 어떤 모습이었을까? 먼저 인더스 문명의 출토품 중에서 가장 유명하다고 할 수 있는 제사장상(祭司長像)이라는 석상을 통해 당시 남성의 패션을 추측해 보자. 이 석상은 인더스에서도 상당히 지위가 높은 제사장을 모델로 만든 것으로 추측되고 있으며, 사실성이 높고 파손도 적기 때문에 당시의 복장을 아는데 없어서는 안 될 귀중한 자료다.

이 제사장상을 살펴보면, 먼저 왼쪽 어깨에서 오른쪽 겨드랑이에 걸쳐 세 잎 클로버 문양의 옷을 걸치고 있는 것이 눈에 들어온다. 이 세 잎 클로버는 신성한 문양으로 보이며, 이 때문에 이 제사장상이 신의 모습을 본떠 만든 것이라는 설도 있다. 또 인더스의 유적에서 목면포가 출토되었음을 감안하면 이 옷 역시 목면으로 만들었을 것으로 생각해도 무리는 없을 듯하다. 그리고 석상에 남아 있는 안료 등을 통해 이 옷이 남색 바탕에 흰 둘레의 빨간 세 잎 클로버 문양을 아로새긴 아주 화려한 옷이었던 것으로 판명되었다. 모헨조다로에는 염색 공방의 터로 추정되는 장소도 있는데, 아마도 인더스의 제사장들은 이 염색 공방에서 염색한 화려한 옷을 몸에 걸쳤을 것이다.

다음으로 이마를 살펴보면, 중앙에 장식이 달린 리본을 두르고 있음을 알 수 있다. 이 리본은 뒤에서 묶여 어깨 부근까지 내려오며, 보석장식이 있고 없고를 떠나 대부분의 남성상에서 공통적으로 볼 수 있다. 제사장상에는

옷

인더스의 남성은 화려한 색으로 염색된 아름다운 옷을 입었다. 제사장상 등을 보면 그 옷은 왼쪽 어깨에 걸치는 형식이었으며, 오른쪽 어깨는 노출되어 있다.

분동(分銅)[18]

인더스 문명에는 명확한 도량형이 존재했으며, 유적에서는 돌로 만든 정육면체의 분동이 출토되었다. 이와 같은 분동은 상거래 장소에서 장식품용 비즈 등 다양한 상품의 무게를 계측하는 데 사용되었을 것으로 생각된다.

18) 분동(分銅) : 양팔저울이나 윗접시저울의 한쪽에 물건을 놓고 무게를 달 때, 무게의 표준으로 삼기 위해 다른 한쪽 저울판 위에 올려놓는 추(錘)를 말한다. 재료로는 황동, 주철, 알루미늄, 이리듐, 니켈 등이 사용된다.

터번

현재 터번은 인도에서 널리 사용되고 있는데, 테라코타상의 모습 등을 통해 이미 인더스 시대에도 터번을 두르고 있었음이 판명되었다.

◀모헨조다로에서 발견된 제사장상. 너무나 정교하게 만들어졌기 때문에 발견 당시에는 후세의 조각이 섞여 들어간 것으로 생각하기도 했다. 후두부는 평평하게 깎여 있으며, 여기에 신성(神性)의 상징인 뿔을 달았던 것으로도 추측되고 있다. (카라치 국립 박물관 소장)

오른팔에도 장식품이 감겨 있는데, 이와 같은 장식품은 그 사람의 신분을 나타내는 것이거나 재앙으로부터 몸을 보호하기 위한 부적의 역할을 했을 것으로 생각된다.

제사장상으로 본 인더스 남성의 복장은 우리가 생각하는 것보다 훨씬 다채롭고 화려했다. 그러나 인더스 여성의 패션은 더 화려하고 아름다웠다는 사실이 밝혀졌다. 당시 여성의 복장은 유적에서 다수 출토된 테라코타상이라고 부르는 설구이[19] 토우(土偶)를 통해 엿볼 수 있다. 이 테라코타상은 전라 혹은 하반신에 속치마를 입은 모습이며, 그 대부분이 여성을 모델로 만들어졌다. 이 테라

인더스 인의 패션 사정-2

4-20

장식품

인더스 여성의 대부분은 상반신에 옷을 입지 않았으며, 그 대신 수많은 장식품으로 몸을 장식했다. 특히 목에는 목걸이를 몇 겹으로 둘러 여성의 가슴을 화려하게 장식했다. 이와 같은 장식품은 단순히 치장만이 목적이 아니라 그 사람을 재앙으로부터 지켜 주는 부적의 역할을 했던 것으로 생각된다.

▲황금으로 만든 장식품. 출토된 수많은 장식품 중에서도 황금으로 만든 제품은 그 수가 매우 적기 때문에 부유한 일부 사람들만이 가질 수 있었던 것으로 생각된다.

코타상에는 목과 가슴까지 걸치는 목걸이와 장식품이 달린 허리띠, 많은 머리 장식과 팔찌 등 인더스 여성이 몸에 걸쳤을 화려한 장식품이 표현되어 있다.

이와 같은 장식품은 실제로 각지의 유적에서 발견되고 있다. 그중에서도 특히 아름답고 인더스 문명을 대표하는 장식품으로는 천연석으로 만든 비즈 장신구가 있다. 이 비즈에는 홍옥수(紅玉髓)라고 부르는 선명한 붉은색 돌과 푸른 라피스라줄리(lapis-lazuli), 하늘색 터키석 등 화려한 귀석이 사용되었으며, 그 형태도 아름답게 잘 가공되었다. 또 그 수는 적지만 황금으로 만든 것도 발견되었다. 그런 아름다운 장신구들을 몸에 두른 인더스 여성의 모습은 필시 화려하고 아름다웠을 것이다.

또 인더스 인이 화장을 했다는 사실도 판명되었다. 유적에서는 아이라인을 그리는데 사용했다고 생각되는 먹과 조개껍질 안에 들어 있는 연지, 얼굴을 희게 만들기 위해 사용된 것으로 보이는 탄산납 등이 발견되었으며 청동제 거울까지 출토되었다. 지금으로부터 4,000년 이상 전의 인더스 여성들도 아름답게 몸을 장식하고 싶은 마음은 현대인과 조금도 다르지 않았던 것이다.

19) 설구이 : 잿물을 바르지 않고 낮은 온도의 열로 굽는 일. 또는 그렇게 구워 낸 도자기.

20) 로탈(Lothal) 유적 : 인도 서부 캄베이 만두에 있는 인더스 문명의 항만도시 유적. 채문토기나 테라코타의 완구, 저울 추, 그림문자가 새겨진 활석제 인장 등 문명을 특징짓는 다수의 출토품이 나왔으나, 그중 원형 인장이 특이하여 페르시아 만 식 인장이라 일컬어지며, 17기의 인더스 문명 후기의 묘도 발견되었다.

21) 도라비라(Dholavira) 유적 : 인더스 문명 유적 중 최초로 일반에게 공개된 유적지로 4,500년 전 크게 융성했던 도시. 정교한 상하수도 시설을 갖추고 있으며, 15m 높이의 석벽으로 둘러싸여 있다. 인더스 문명에 대한 새로운 사실을 밝혀 줄 것으로 고고학계에서 기대하고 있는 유적이다.

22) 메르하 : 메소포타미아와 인더스의 유적 점토판 기록을 통해 가끔 등장하는 지명. 메소포타미아와 인더스 문명을 잇는 교역 도시이거나 중계지였을 것으로 짐작되나 기록이 미비하여 딜문, 마간 등과 함께 소재지에 대한 논의가 오래전부터 있어 왔다.

▶모헨조다로에서 발굴된 테라코타상. 이와 같은 상은 당시 여성의 모습을 묘사한 것으로도, 대지모신으로 숭상했던 것으로도 추측되고 있다.

잡학노트 Trivia note — 여행하는 홍옥수 인더스와 메소포타미아의 교역

인더스 여성의 몸을 장식한 비즈 목걸이. 그 비즈에 사용된 돌 중 하나로 홍옥수라고 하는 아름다운 돌이 있다. 이 홍옥수는 모헨조다로에서 남동쪽에 위치한 로탈(Lothal) 유적20)이나 최근 발굴이 진행되고 있는 도라비라(Dholavira) 유적21)에서 주로 가공되었으며, 인더스 인은 이 홍옥수를 가열함으로써 선명한 붉은색을 발색시키고, 또 알칼리성 액체로 부식시킴으로써 여기에 흰 모양이 나타나게 했다. 인더스 사람들은 이렇게 해서 만들어진 비즈를 부식 비즈라고 부르며 매우 귀하게 여겼는데, 이와 똑같은 비즈가 무려 2,000km나 떨어진 메소포타미아의 도시 우르의 왕릉에서 발굴되었다. 도대체 어떻게 된 일일까?

사실은 메소포타미아와 인더스가 기원전 2300년경부터 아라비아 해와 페르시아 만을 통해 교역했다는 사실이 판명되었다. 메소포타미아나 페르시아 만 연안 지역에서는 부식 비즈 목걸이 외에 인더스 문자가 새겨진 인장이 발견되었으며, 인더스 문명의 여러 도시에서도 메소포타미아 특유의 원통형 인장이 발견되었다. 또 메소포타미아의 점토판에는 메르하22)라고 부르는 국가와의 교역 기록이 새겨져 있는데, 여기에 기록된 적하 내용 등을 보면 이것들은 인더스의 도시에서 온 것으로 생각된다.

인더스 인이 만든 아름다운 장식품은 먼 길을 떠나 메소포타미아 인의 가슴에서도 아름다운 빛을 발한 것이다.

▲에게 해의 크레타 섬에서 발굴된 홍옥수 인장. 인더스의 도시들은 메소포타미아와 교역했기 때문에 어쩌면 동시대에 번성했던 크레타 섬의 홍옥수 역시 인더스에서 수입한 것일지 모른다.

문물과 생활

잡학노트 Trivia note
놀이를 좋아한 인더스 인 세계에서 가장 오래된 체스와 각종 완구들

우수한 도시 설계자였던 인더스 인은 그와 동시에 뛰어난 패션, 보석 디자이너였다. 그런데 인더스 인에게는 근면한 도시 설계자라는 모습과는 대조적으로 놀이를 좋아한다는 또 다른 모습도 있었다.

체스의 기원이 인도라는 이야기를 들어 본 적이 있는가? 일반적으로 체스의 기원으로 생각되는 것은 기원전 300년경에 인도에서 즐겼다고 하는 차투랑가(Chaturanga)[23]라는 게임이다. 이 차투랑가가 그 후 페르시아, 그리고 유럽으로 전래되어 체스가 되었으며, 또 불교의 전래와 함께 중국으로 건너가 장기가 되었다고 한다. 그러나 그보다 1,700년 이상 전의 인더스 문명에 이미 체스와 비슷한 게임이 있었다. 인더스의 유적의 출토품 중에는 체스판처럼 격자형으로 선이 그려져 있으며, 그와 함께 체스 말처럼 생긴 것도 발견되었다. 자세한 놀이 규칙은 알 수 없지만, 만약 차투랑가와 같은 규칙이라면 세계에서 가장 오래된 체스는 인더스 인이 만든 셈이 된다.

출토품 중에는 그 밖에도 세계에서 가장 오래된 팽이나 아이들이 가지고 노는 딸랑이 장난감, 소용돌이 모양의 구슬 게임과 바퀴 달린 염소 모양의 완구 등 수많은 완구가 발굴되었는데, 이런 완구를 통해 놀이를 좋아한 인더스 인의 일면을 엿볼 수 있다.

놀이는 마음의 여유에서 탄생한다. 이런 게임과 완구를 만들어낸 인더스 인의 생활은 평화롭고 정신적으로 풍요롭지 않았을까?

▲모헨조다로에서 발굴된 양 모양의 바퀴 달린 완구

계승되고 있는 인더스의 문화

화려하게 물들인 옷과 수많은 아름다운 장식품. 이와 같은 문화를 발전시킨 인더스 문명은 기원전 1800년경에 수수께끼의 붕괴를 맞이했다. 인더스의 도시는 차례차례 버려졌고, 그들의 수준 높은 건축 기술은 영원히 소실되어 버렸다. 그러나 패션을 비롯한 인더스 인의 문화는 맥이 끊이지 않고 후세로 이어졌을 가능성이 있다.

예를 들어 힌두교의 오래된 사원 유적에 있는 부조에 그려진 목과 허리, 발목 등에 다양한 장식품을 걸친 나체 여성의 모습은 출토품을 통해 상상할 수 있는 인더스 인 여성의 모습과 놀랄 만큼 비슷하다. 또 종교의 측면에서도 그 기원에 인더스 문명이 있다고 생각되는 것이 많다. 가령 인더스 문명의 인장에 그려진 신으로 생각되는 인물은 현대 인도인들이 믿고 있는 힌두교의 신 시바(Shiva)[24]의 원형이 아닐까 하는 이야기가 있으며, 소를 숭배하는 사상이나 물의 정화성에 대한 생각도 인더스 문명과 통하는 부분이 많다. 인더스 인이 성장시킨 이와 같은 문화가 문명 붕괴 후에 이 땅에 남은 그들의 자손을 통해 훗날 이곳에 온 아리아 인에게 흡수되었다는 생각도 충분히 할 수 있다.

인더스 문명은 자칫 그 후의 인도 역사와는 단절된, 현재와는 관계가 없는 존재로 비치기 쉽다. 그러나 그곳에서 탄생한 문화는 오랜 역사를 통해 오늘날까지 면면히 계승되어 온 것이 아닐까?

[23) 차투랑가(Chaturanga) : 고대 인도의 보드 게임으로 라자(임금, 킹), 맨트리(고문, 퀸), 라타(전차, 룩), 가자(코끼리, 비숍), 아스바(말, 나이트), 파다티(보병, 폰)로 이루어져 있으며 체스, 장기, 막룩과 같은 현대 보드 게임의 공통 조상으로 여겨진다. 2명과 4명으로 경기하는 방식이 있다.

24) 시바(Shiva) : 힌두교의 주요 신들 중 하나로 힌두교의 트리무르티(삼주신)의 하나이다. 창조와 파괴의 신이며 시바가 인간으로 나타난 것이 왕이라고 생각했다. 그래서 왕은 신과 인간 사이의 중재자라 믿었다. 시바를 최고신으로 숭배하는 힌두교 종파를 시바파라고 한다.

▲암소의 모습을 새긴 동석(凍石) 인장. 인더스의 유적에서 출토되는 인장에서는 이런 소의 모습을 많이 볼 수 있는데, 이것을 볼 때 당시 이미 소를 신성한 동물로 숭상하지 않았을까 생각된다.

현재의 인도 갠지스 강의 목욕장에서 목욕하는 사람들. 목욕은 인더스 인에게도 중요한 의식이었다. 그래서 현재의 목욕 풍습이 인더스 문명에서 기원했다는 설도 있다.

현대에 남겨진 유산

Section 5 / Unit 10

File 27 로마 제국 《상수도》

대도시 로마의 생명선, 상수도의 역사

지중해 주변에는 로마의 상수도 유적이 남아 있다.
골짜기를 지나는 거대한 아치형 교량은
고대인의 뛰어난 건축 기술을 여실히 보여주는 동시에
이렇게 대규모의 인프라가 필요했던 로마라는 문명의 약점도 가르쳐 준다.
한때는 방치되기도 했지만 르네상스 시대에 부활해
지금도 살아 숨 쉬고 있는 로마 상수도 2,300년의 변천사를 살펴보자.

고대 로마의 「생명선」

과거에 로마 시내에는 수많은 샘이 있었다. 검투사들이 결투 뒤에 몸에 묻은 핏자국을 씻어냈다고 하는 콜로세움 근처의 「메타 수단스의 샘」과 폭 25m, 깊이 15m, 높이 20m라는 거대함을 자랑한 빅토리오 광장의 「오케아노스의 샘」 등이 그것이다.

그러나 이런 샘의 대부분은 천연 용출샘이 아니다. 이름은 샘이지만, 사실은 인공적으로 만들어진 분수와 같은 시설이었다. 원래 로마가 위치한 이탈리아 반도는 강수량이 적은 토지다. 그런 로마에 많은 용수(湧水)가 있었다고는 생각할 수 없다. 이러한 샘에 물을 공급한 것은 로마 인이 만든 상수도였다.

그들은 지나치다 싶을 만큼 대규모 수도 시설을 만들었다. 물은 강을 건너고 골짜기를 지나 지하와 고가식 수로를 통해 로마 인들의 집에 공급되었다. 지금도 남프랑스에 남아 있는 로마 시대의 유적 「가르 수도교」는 그 수도망의 장대함을 말없이 웅변하고 있다. 「돋보이기만 할 뿐 아무짝에도 쓸모없는 피라미드에 비해 우리가 만든 수도는 얼마나 유익한가!」. 1세기에 로마 제국의 수도 장관이 한 말이다.

그의 말처럼 그 물은 100만 명에 이르는 로마의 인구를 지탱하는 원동력이었다. 물은 생명의 근원이다. 물이 없는 곳에서는 문명이 번성하지 못한다. 상수도야말로 로마의 역사를 음지에서 뒷받침한 생명선이었던 것이다.

남프랑스의 님(Nimes) 근교에 있는 「가르 수도교」. 물은 가장 위의 단을 흐르며, 아래의 하천부터의 높이는 48m에 이른다.

현대에 남겨진 유산

▲아피우스가 만든 아피아 가도. 로마와 카푸아를 연결하는 이 도로는 기원전 312년에 개통되었다.

아피아 상수도

1년 내내 푸른 하늘이 펼쳐지는 지중해 지역에서는 특히 물이 중요했다. 기록에 따르면 로마가 본격적으로 상수도를 건설하기 시작한 때는 기원전 4세기다. 전설상의 도시 국가 로마의 창건으로부터 4세기가량 지났을 무렵이다. 그때까지 로마 인은 샘이나 우물, 도시 옆을 흐르는 테베레 강에 의존했다. 그러나 로마가 크게 발전함에 따라 자연 수원으로는 기하급수적으로 늘어난 인구를 감당하기 어려워졌다. 게다가 테베레 강 유역에는 말라리아의 창궐지 등으로 악명이 자자한 늪지대가 있었기 때문에 이 강을 수원으로 쓰는 것은 위생적으로도 바람직하지 못했다.

그래서 기원전 312년, 로마의 재정을 담당하는 감찰관이었던 「맹인」 아피우스 클라우디우스(Appius Claudius Caecus, 기원전 340~기원전 273)가 길이 26.5km에 이르는 최초의 상수도 「아피아 수도(Aqua Apia)」를 완성시켰다. 아피아 수도의 수로는 대부분이 지하를 지나갔으며, 장소에 따라서는 깊이가 15m나 되기도 했다. 이것만으로도 공사 규모가 상상을 초월한 수준이었음은 당연하다. 게다가 아피아 수도는 도중에 저수조를 몇 군데 설치해 수량도 자동으로 조절할 수 있게 만들었다. 또 지하수를 수원으로 사용했기 때문에 위생적인 측면에서도 한층 더 좋았다.

그렇다면 고대 로마 인들은 어떻게 이런 고도의 토목 사업을 완수할 수 있었을까? 사실 그들은 이탈리아의 선주민이자 로마에 의해 멸망한 에트루리아 인의 기술을 이어받았다. 에트루리아 인은 공예 등의 분야에 소질이 있었으며, 로마 인은 그들로부터 건재를 반원형으로 쌓아 상부의 하중을 지탱하는 「아치 공법」이라는 기술과 터널 이용 등 수많은 기술을 배웠다. 에트루리아 인은 도로의 배수와 농지 확대 등을 위해 터널을 팠다. 건설을 할 때는 30m 간격으로 세로굴을 파고, 여기에서 이웃한 세로굴을 향해 가로굴을 팠다.

로마 인은 이런 기술을 활용해 아피아 수도를 완성시켰던 것이다.

확대되는 로마 시

아피우스가 상수도를 건설한 이후 수도 정비는 로마 권력자의 의무이자 자신의 힘을 과시하는 수단이 되었다. 공화제 시대 중기부터 말기에 걸친 300년 동안 6개의 상수도가 건설되었으며, 그 총 길이는 200km가 넘었다. 제정 시대에 들어와서도 수도 건설은 계속되었다. 초대 황제인 아우구스투스(Gaius Julius Caesar Augustus, 기원전 63~기원후 14)는 로마로부터 30km 이상 떨어진 호수에서 수도를 끌어왔는데, 이것은 황제의 이름을 따서 아우구스타 수도라는 이름이 붙었다. 다만 그 주된 용도는 검투사들이 벌이는 모의 해전의 무대가 되는 인공 바다를 만들기 위한 것이었다고 하지만….

시대가 지나면서 로마의 독자적인 기술도 발전했고, 이에 따라 수도 건축도 더욱 고도화, 대규모화 되어 갔다. 공구류도 돌톱이나 드릴 같은 소형 기구에서 크레인 같은 대형 기계까지 개발되었다. 또한 건축 재료도 모래와 석회암을 태워서 만든 석회를 물과 반죽해 회반죽으로 만들고, 그 모르타르에 자갈을 혼합해 콘크리트를 발명했다. 이 콘크리트는 건축 재료의 강도를 비약적으로 높였으며, 강인한 다리와 도로를 짧은 시간에 부설할 수 있게 한 비결이 되었다.

▼측량 기구 「그로마(Groma)」를 사용하는 기사의 상. 그로마는 에트루리아 인이 사용하던 직각을 재기 위한 도구다. 에트루리아 인으로부터 전래된 도구로는 그 밖에도 수평을 재는 「콜로바데스」라는 것도 있었다.

잡학노트 Trivia note

등한시했던 하수 대책

로마는 뛰어난 상수도를 자랑했지만, 그러나 놀랍게도 하수도는 전혀라고 해도 과언이 아닐 만큼 고려하지 않았다. 로마에 처음으로 하수도 시설이 건설된 시기는 제5대 왕 타르퀴니우스(Lucius Tarquinius Priscus)의 치세 시기이다. 타르퀴니우스는 점점 인구가 증가함에 따라 협소해진 로마 시역을 확장하기 위해 테베레 강 주변의 습지대를 개척하기로 했다. 이때 만들어진 것이 「클로아카 막시마(Cloaca Maxima)」라고 부르는 하수구다. 클로아카 막시마를 통해 습지대의 물이 테베레 강으로 배수되었고, 로마 인은 새로 출현한 저지대에 주거지를 마련했다. 클로아카 막시마는 단순히 땅을 파서 낸 수로에 불과했지만, 상부를 돌로 덮었기 때문에 마치 현재의 지하 하수도와 같았다.

그러나 클로아카 막시마가 있다고 해서 시내가 청결하게 유지되었던 것은 아니다. 이 하수도는 어디까지나 습지의 물을 배수하기 위한 것이었으며, 시가지의 집들에 지관(支管)이 부설되어 있지 않았기 때문에 집중 호우로부터 도시를 보호할 수는 있어도 생활 배수를 흘려보내는 데는 아무런 도움도 되지 못했다.

그렇다면 로마 인들은 어떻게 생활 배수를 버렸을까? 그 방법은 믿기 어렵게도 「창문으로 버리는」 것이었다. 실제로 7세기에 이르기까지 로마의 시민들은 당연하다는 듯이 창문에서 오수와 오물을 버렸다고 한다.

▶로마 공중목욕탕의 복원도. 4세기경 로마에는 카라칼라라는 통칭으로 유명한 제21대 황제 마르쿠스 아우렐리우스 세베루스 안토니우스가 만든 「카라칼라 대목욕탕」을 비롯해 공공 목욕탕 11개와 850개에 이르는 목욕탕이 있었다.

◀로마 황제 아우구스투스의 시대에 건설된 아우구스타 수도의 수문 내부

▼사이펀과 역사이펀을 이용한 수도의 그림. 사이펀에서는 A 위치의 물이 낙하하려고 하는 힘이 B 위치의 물을 끌어올린다. 역사이펀에서는 A 위치의 물이 낙하하려고 하는 힘이 B 위치의 물을 밀어올린다. 로마의 수도는 이 원리를 이용해 작은 기복을 극복했다.

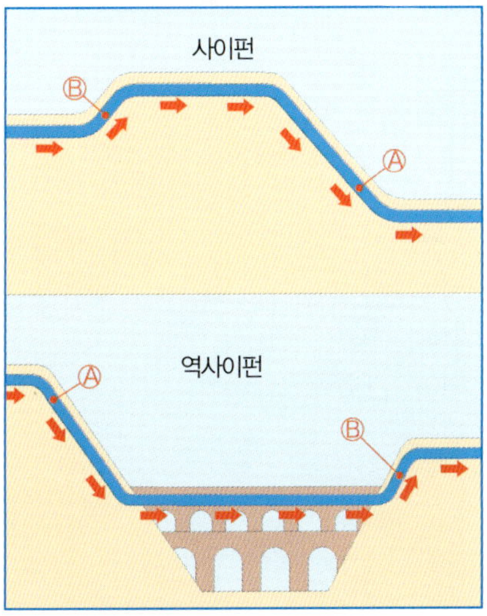

로마 시의 인구는 폭발적으로 증가했다. 포에니 전쟁 직전에는 10만 명이었던 것이 트라야누스(Traianus, 53~117) 황제의 시대에는 100만 명으로 늘어났다.

물론 로마의 모든 집에 수도관을 깔 수는 없었지만, 부유한 집에는 청동 수도관이 배관되어 수도꼭지를 돌리면 언제라도 물이 나오는 생활이 당연시되었다. 「카라칼라 대목욕탕」으로 알려진 로마의 공중목욕탕도 물을 마음껏 사용할 수 있었다. 가난한 사람들을 위해서는 급수소를 겸한 분수가 시내 1,500곳에 설치되었다. 시민 한 사람에게 할당된 물의 양은 하루 1,000ℓ나 되었다고 한다.

원시 시대로 퇴보하다

처음에 로마의 상수도는 지하 깊은 곳에 부설되었다. 로마 인이 이탈리아 반도에서 밤낮으로 다른 부족과 전쟁을 벌이던 당시, 로마의 생명선인 수도는 적에게 최우선의 공격 목표가 되었기 때문이다.

그러나 로마가 이탈리아 반도를 지배하는데 성공해 치안이 안정되자 수도는 공중 높은 곳에 가설되기 시작했다. 이렇게 산속 등에 있는 수원(水源)과 비슷한 고도를 유지한 채로 시내까지 끌어옴으로써 더 많은 물을, 더 넓은 범위에 안정적으로 공급할 수 있었다. 로마에 물을 공급한 수도 중 하나인 신(新)아니오 수도(Anio Novus)는 장소에 따라서는 지상으로부터의 높이가 33m에 이르는 장관을 연출했다. 그러나 이윽고 이러한 상수도에도 최후의 날이 찾아왔다.

537년, 로마를 포위한 게르만의 서고트 족 군대는 상수도를 파괴해 로마를 괴로움에 빠트렸다. 또 로마도 적이 지하 수도를 이용해 시내에 침입하지 못하도록 지하 수로를 메워 버렸다. 게다가 제국의 위광과 경제력의 저하로 유지 보수를 받지 못해 기능이 정지된 수도도 늘어났다. 이와 같은 여러 가지 이유로 9세기경에는 거의 모든 수도가 기능을 멈췄고, 로마 시민은 다시 테베레 강이나 우물물을 사용하는 생활로 돌아갔다. 그러나 수도 없이는 많은 인구를 감당할 수 없었기 때문에 로마의 인구가 11세기에서 13세기경 무렵에는 3만 5,000명까지 감소했다.

납을 사용한 수도관도 커다란 발명이었다. 긴 거리에도 일정한 수압을 유지할 수 있게 되었으며, 대량 생산이 용이했다. 수도에 사용하는 납관은 가늘고 치수가 정해져 있었다. 만드는 방법은, 납판을 나무 막대에 감고 해머로 두들겨 둥글게 만든 다음 막대를 빼고 이음매를 용접한다. 단면은 완전한 원이 아니라 서양배 모양으로 만들었다.

기술적인 측면에서는 사이펀의 원리를 채용한 것이 커다란 발전을 가져왔다. 로마 인은 상수도가 도중에 깊은 골짜기 등을 만나면 「사이펀」과 「역사이펀」의 원리를 이용했다. 골짜기의 바닥까지 내려간 물은 뒤에서 오는 물에 밀려 경사를 올라간다. 이때 수도관에는 강한 수압이 걸리는데, 납관은 그 수압을 견딜 수 있었다.

이와 같이 상수도가 잇달아 건설됨에 따라

대도시 로마의 생명선, 상수도의 역사-3

현대에 남겨진 유산

스페인의 말라가에 있는 로마 상수도. 수도 로마뿐만 아니라 속주에도 상수도가 건설되었다

▼동전을 던지면 다시 로마에 올 수 있다는 속신으로 유명한 로마의 트레비 분수. 수원(水源)은 기원전 1세기에 부설된 로마 상수도 중 하나인 길이 21km의 「베르지네 수도 25)」다.

수도 붕괴의 영향으로 시민들의 생활도 물을 필요로 하지 않는 방향으로 바뀌어 갔다. 그 대표적인 예가 공중목욕탕의 폐지다. 다만 이것은 4세기 이후 크리스트교 윤리관이 보급됨에 따라 타인 앞에서 알몸이 되는 행위에 불쾌감을 느낀 것이 이유라는 이야기도 있다.

르네상스 이후의 로마 수도

르네상스 시대가 되자 로마의 수도는 다시 활기를 되찾기 시작했다. 로마 교황이 로마 시대의 수도 시스템을 부활시키려 시도했기 때문이다. 이러한 시도 덕분에 세 개의 수도가 되살아났고, 또 「펠리체(행복) 수도」와 「파울로 수도」라는 새로운 상수도가 각각 1585년과 1611년에 만들어졌다. 장식이 많은 「바르카시아(조각배) 분수26)」와 「트리토네 분수27)」, 「피우미 분수28)」 등은 부활한 로마 시대의 상수도를 수원으로 삼고 있으며, 장식도 고대 로마와 그리스의 것을 모티프로 사용했다. 말 그대로 문예부흥(르네상스)의 상징인 것이다.

이런 샘 중에서도 특히 유명한 것은 「트레비 분수29)」이다. 이 샘에 동전을 던져 넣으면 다시 로마로 돌아올 수 있다고 전해진다. 현재도 많은 관광객이 이 샘에 동전을 던져 넣고 있는데, 이 전설도 로마 시대에 만들어진 풍습을 바탕으로 했다고 한다.

로마 수도의 부활은 그 후에도 계속되었다. 19세기 말이 되자 영국의 기술 지원으로 로마에 본격적인 근대 상수도가 건설되었는데, 이때 수도 경로는 로마 시대의 수도를 참조했다고 한다. 이 수도는 「마르키아·피아 수도」라고 불리며, 지금도 로마 시에 생활용수를 공급하고 있다. 2,300년이라는 시간을 뛰어넘어 오늘날에도 살아 숨 쉬고 있는 로마 상수도. 그것은 도시와 수도, 인간과 물이라는 고대로부터의 끊을래야 끊을 수 없는 관계를 그대로 보여주고 있다.

25) **베르지네 수도** : 원래는 기원전 19년에 아그리파에 의해 완공된 비르고 수도가 바뀐 이름이다.

26) **바르카시아(조각배) 분수** : 이탈리아 수도 로마의 스페인 광장에 있는 분수로 바로크 양식으로 만들어졌다. 교황 우르바노 8세의 명으로 1627년 조각가 피에트로 베르니니와 그의 아들 잔 로렌초 베르니니가 제작하였다.

27) **트리토네 분수** : 이탈리아 수도 로마의 바르베리니 광장을 상징하는 분수로 트리토네 거리 동쪽 끝에 있다. 반인반어의 해신 트리토네를 바르카시아 분수를 만든 잔 로렌초 베르니니가 상상력을 발휘해 표현한 작품. 조개 위에 꿇어 앉은 트리토네와 4마리의 돌고래를 배치했다. '트리토네의 샘(Fontana del Tritone)'이라고도 불린다.

28) **피우미 분수** : 이탈리아 수도 로마의 나보나 광장에 있는 분수로 갠지스 강, 나일 강, 도나우 강, 라플라타 강을 나타내는 4명의 거인이 조각되어 있다.

29) **트레비 분수** : 1453년 교황 니콜라우스 5세가 고대의 수도 '처녀의 샘'을 부활시키기 위해 만든 것에서 시작되었다. 그 후 1726년, 교황 클레멘스 13세 시절에 지금의 모습으로 완성됐다. 이때 분수의 설계는 니콜라 살비가 담당했다. 바다의 신 포세이돈을 중심으로 그 주변에 트리톤, 해마 등의 조각이 배치돼 있다. 분수의 조각상은 밤에 조명이 들어온다. 동전을 던져 소원을 빌면 로마를 다시 방문할 수 있다는 속신으로 인해 전 세계의 동전을 볼 수 있기도 하다.

참학노트 Trivia note — 건축 전문가였던 로마 병사

로마의 상수도는 군대가 만들었다. 유대 속주 연안의 카이사리아 마리티마에 있는 식민 도시의 유적은 당시 수도교의 위용을 보여주는데, 그 옆에는 복구공사를 펼친 제10군단의 기념비가 남아 있다.

군대의 첫째 업무는 전쟁이지만, 힘센 젊은이들을 많이 보유하고 있는 군대는 토목 공사에도 매우 효과적인 조직이다. 게다가 로마 군은 내부에 목수와 기술자 등을 많이 보유하고 있었다. 현대식으로 말하면 공병대다. 그들은 전쟁터에 세우는 임시 진영부터 커다란 석재 요새에 이르기까지 여러 가지를 건설했다. 원정을 떠날 때는 전장까지 이어지는 도로나 다리를 부설하기도 했다. 사실은 이러한 우수한 토목 기술이야말로 로마 군의 승리 비결이었다. 신속한 축성은 적지에서 기습을 받았을 때의 피해를 최소화해준다. 또 잘 닦은 도로와 다리는 보급 물자와 원군의 도착을 빠르게 한다. 그리고 도로는 전후에 새로 획득한 영토와 로마 본토를 연결하는 통상로로도 이용되었다.

평화로운 시기에도 군대는 도움이 되었다. 그들은 시민을 위한 오락 시설인 원형 투기장까지 건설했다. 그리고 상수도의 유지 보수도 담당했다. 군대야말로 진정한 의미에서 로마 사회의 「건설자」였던 것이다.

▼원형 투기장 「콜로세움」의 건설에 동원된 로마 병사를 그린 부조

고대문명 ㄱ~ㅎ

계일왕(戒日王)
Harsavardhana
고대 인도의 바르다나 왕조의 창시자인 하르샤바르다나의 별칭(재위 606~647). 굽타 왕조가 쇠퇴한 후 서북 인도의 스탕비사르브라(현재의 타네슈)에 세워졌는데 그의 아버지 프라바카라바르다나 때에 세력을 확장하여 갠지스 강 유역에 진출하였다. 606년 그는 어린 나이에 왕위에 올라, 아샘 왕과 동맹을 맺어 샤샹카를 무찌르고 갠지스 유역의 영토를 확보하였다. 이어 서쪽의 구자라트를 정복, 그 지방의 마이트라카 왕조를 종속시키고, 다시 서데칸까지 진출을 시도했으나 찰루키아 왕조 풀라케신 2세에 의하여 저지되었다. 그 후에는 북인도의 지배에 힘을 기울여 40년 동안 번영하였다. 그러나 그가 죽은 뒤 왕국은 곧 붕괴하여, 여러 왕조가 분립 할거하였다. 문필의 재능이 뛰어났으며, 그의 작품으로는 『라트나바리 공주』, 『프리야다르시카 공주』, 『나가난다』 등의 희곡 세 편을 썼다고 전해진다.

계절풍무역
spice trade
계절풍은 대륙과 해양의 비열 차이로 발생한다. 과거 아시아 해양 지역의 교역 일정은 이 계절풍에 맞춰 짜였으며 이를 계절풍무역이라 한다. 계절풍의 특성상 벵골 만과 동중국해에는 몇 달 동안 북동풍이 불다가 계절이 바뀌면 또 몇 달 동안 남서풍이 불게 되므로, 때를 기다려 순풍을 타고 가는 것이 훨씬 경제적이다. 이에 따라 무역 상인들은 계절풍을 타고 최대한 멀리 나갔다가 바람의 방향이 바뀌면 그곳에 머물러 있으면서 다른 지역에서 온 상인들과 교역을 하였다. 당시 비단은 주로 비단길을 통해 로마로 들어갔지만 향수, 향료, 후추, 보석, 약재, 진주, 상아, 목화 등 인도산 물품들은 계절풍을 이용한 이 바닷길을 통해 서남아시아 지역으로 운송되었다.

고경(考經)
xiao jing
중국 전국 시대 말기의 경서 중 하나. 중국 고대의 「고(考)」에 대해 공자와 제자인 증자가 나눈 문답을 정리한 것이다. 증자의 제자가 기술한 것으로 알려져 있으며, 천자에서 서민에 이르기까지 각자의 사고방식에 대하여 서술되어 있다. 한나라 이후의 역대 왕조에서는 『고경(考經)』의 통독을 장려했고, 유소기의 교육에 활용했다.

고고학
archaerology
자연계에서 인간이 남긴 각종 물질적 흔적의 성격과 그들 사이의 관계를 밝혀 인간의 행위양상과 사회·문화·경제적인 여러 측면을 연구하는 과학이다. 문자가 없는 시대의 인간 역사를 이해하는데 필수불가결한 학문으로서, 고고학의 발달과 더불어 인류가 언제 기원하였으며, 세계 각지의 다양한 문화가 어떠한 과정을 겪어 오늘날과 같은 상태에 도달할 수 있게 되었는가를 알 수 있게 되었다. 오늘날과 같은 학문체계로서의 고고학은 19세기 중반에 성립되었다. 20세기에 들어서 과학기술의 눈부신 발전과 함께 새로운 자료분석기법과 연대측정방법의 응용 등으로 고고학은 500만 년 전 무렵부터 온갖 대상을 상대로 연구하게 되는 등 종합과학으로 발전을 거듭하고 있다.

고구려(高句麗)
Goguryoeo
고구려(高句麗) 혹은 고려(高麗)(기원전 37~기원후 668)는 백제, 신라와 함께 우리나라 삼국 시대의 고대 국가 중 하나이다. 기원전 37년 주몽(朱蒙)이 이끈 부여족의 한 갈래가 동가강 유역 졸본 지방에 건국하였으며 일찍이 기마민족의 문화를 받아들여 동방 침입의 요로인 퉁거우(通溝)로 옮긴 뒤 낙랑군과 임둔군의 교통로를 단절시키는 등 한족(漢族)과의 투쟁과정에서 강대해졌다. 태조왕(太祖王, 재위 53~146) 때부터 강력한 대외발전을 꾀해 현도군을 푸순(撫順) 방면으로 축출하였고, 요동군과 낙랑군을 공격하였으며, 임둔군의 옛 땅에 자립한 옥저(沃沮)와 동예(東濊)를 복속시켜 동해안까지 세력을 확장하였다. 또한 중앙집권체제를 구축하여 고대국가체제를 갖추게 되었다. 미천왕(美川王, 재위 300~331) 때 서안평을 확보하고 낙랑군과 대방군을 정복, 고조선의 옛 땅을 완전히 회복하였으며 광개토대왕(廣開土大王, 재위 391~412)과 장수왕(長壽王, 412~491) 때에 대대적인 정복활동을 벌여 문자왕(文咨王, 491~519) 때 최대 판도를 이루었다. 장수왕 이후 정식 국호를 고려(高麗)로 변경했으나, 왕건이 건국한 고려와 혼동되기 때문에 후대 사람들의 구분이 용이하도록 고구려로 지칭되고 있다. 고구려는 고대 중국사회와 고대 한국사회 간의 발전 격차를 극복하는데 중심적 역할을 하였고 독자성과 국제성이 풍부한 문화를 건설하였으며, 고구려인은 한국인의 형성에 한 축이 되었다.

공공욕장
thermae
고대 로마에 있었던 적은 요금, 혹은 무료로 이용할 수 있게 만들어진 공중목욕시설이다. 운동장이나 살롱에 함께 만들어져 있었으며, 제정 로마 시대에는 시민생활의 중요한 사교장이었다. 사우나 식의 입욕방법이 채용되었으며 이슬람 세계에도 전해져 「터키탕」이라는 명칭으로 근세 이후 유럽 세계에 널리 퍼졌다.

공관(工官)
gong guan
중국 진한 시대에 수공업을 담당하던 관청. 황제 주위의 물건이나 기구를 제작함에 있어, 복수의 관청이 설치되었다. 또한 수공업이 활발하던 지역인 허난성이나 쓰촨성 등지에도 설치되어 일용품, 무기 등의 제작에 종사했다.

공손룡(公孫龍)
Gongsun Long
기원전 320년~기원전 250년. 기원전 3세기 중국 조나라의 문인으로 자는 자병(子秉). 명가(名家)의 한 사람으로 이견백파(離堅白派)의 지도자이다. 그는 「백마는 말이 아니다」, 「견(堅)과 백(白)은 다르다」라는 계몽적

로마의 공공욕장 복원도

고대문명 ㄱ~ㅎ

명제를 내세웠다. 중국철학사상 그가 차지하는 의의는 명제 중의 주어와 술어의 차이·대립, 개별과 일반의 대립, 또 명사의 외연과 내포의 관계를 최초로 지적한데 있다. 그러나 개념을 사물로부터 분리하고 그것을 절대화하여 개념과 사물의 불일치를 설명하는 그의 방법과 이론은 사물을 통일물로서 파악하지 않는 궤변에 지나지 않는다. 제자백가의 백에 속하여 조의 공자, 평원군의 식객이 되지만 후에 신뢰를 잃었다. 비판적인 견해도 있지만 논리학의 발전에 공헌했다는 견해도 있다.

공손홍(公孫弘)
Gongsun hong

기원전 200~기원전 121. 자는 계(季)로 산둥성 등현(滕縣) 설(薛) 출생이다. 집안이 가난하여 40세에 『춘추』를 익혔고, 기원전 140년 무제 때 현량(賢良)에 추천되어 박사에 올랐다가 관직에서 물러났다. 기원전 130년, 다시 현량으로 추천되었으며 문학시험에 장원하여 박사에 임관되었다. 이후 내사(內史)·어사대부(御史大夫)를 역임하다. 기원전 124년에는 승상이 되고 평진후(平津侯)에 봉해져 최초의 승상봉후(丞相封侯)가 되었다. 기원전 122년, 회남왕(淮南王)·형산왕(衡山王)이 반란을 일으키자, 그 책임을 지고 사임하려 하였으나 받아들이지 않고 유임되었으나 이듬해 병사하였다. 재직 기간에 많은 정적을 실각시켰다는 말도 있다.

공안국(孔安國)
Kong Anguo

생몰년 불명. 자는 자국(子國)으로 산둥성 취푸(曲阜) 출생이다. 전한 무제 시대의 학자이며 『상서(尙書)』 고문학의 시조로 공자의 11대손. 공자의 옛 집 벽을 헐었을 때 발견된 과두문자(죽간에 쓰인 글자체로 글자의 획이 머리는 굵고 끝은 가늘게 되어 있어서 붙여진 이름. 과두는 올챙이라는 뜻)로 된 『고문상서』, 『예기』, 『논어』, 『효경』을 금문(今文)과 대조·고증, 해독하여 주석을 붙였다. 이것에서 고문학(古文學)이 비롯되었다고 한다. 하지만 이 헌상본은 위고문(僞古文)이라는 설이 분분하였으며, 공안국전은 위공전(僞孔傳)이라 하여 위작으로 낙인 찍혔지만 당나라 때에 공영달(孔穎達)이 『상서정의(尙書正義)』를 편정할 때 이것을 정본으로 썼기 때문에 통용되게 되었다. 우리나라의 『서경집주(書經集主)』도 여기에 근거한 것이다.

공양학(公羊學)
Gongyang xue

오경 가운데 춘추와 관련된 3개의 주석서인 좌씨전(左氏傳), 공양전(公羊傳), 곡량전(穀梁傳) 중 공양전을 연구하는 학문을 뜻한다. 공양전은 춘추를 정치이론서로 해석한 주석서로 대학자 동중서(董仲舒)와 공손홍이 중심이 되었으며 후한의 하휴(何休)가 이어받았다. 공양학은 말의 표현에 드러나 있지 않은 언외(言外)의 뜻을 발견하려는 경향이 짙어 해석자에 따라 다양한 이론이 나올 가능성이 많다. 이러한 학풍은 명백한 근거에 의거하여 논리를 전개하는 고증학(考證學)에 뚜렷하게 이반되는 것이다. 동중서는 전한 무제(武帝)의 중앙집권체제를 이론적으로 보강했고 이로 인해 공양학은 전한시대 유학의 중심학문이 되었다. 후한의 하휴는 『공양전해고』 등을 집필하여 혁명설, 진화사관 등을 통해 청대말의 사상가들에게 영향을 끼쳤다.

공자(孔子)
Confucius

기원전 551년~기원전 479년. 자는 중니(仲尼), 이름은 구(丘)이다. 산둥성 취푸 출생으로 중국 고대의 사상가이자 유교의 시조이다. 춘추 말기 사람으로 주나라의 봉건질서가 쇠퇴하여 사회적 혼란이 심해지자, 주 왕조 초의 제도로 복귀해야 한다고 생각했다. 그의 가장 대표적인 사상은 인(仁)이며, 「극기복례(克己復禮, 자기 자신을 이기고 예에 따르는 삶이 곧 인이다)」를 그 핵심으로 여기고 있다. 그는 인을 단지 도덕규범이 아닌 사회질서 회복에 결정적 역할을 할 수 있는 정치사상으로 생각했다. 여러 번 추증되어 대성지성문선왕(大聖至聖文宣王)에 추봉되었다. 노나라 벼슬에서 물러난 후 14년간 제자들과 함께 천하를 주유하면서 자신의 이상과 정치론을 실현시켜 줄 어질고 현명한 군주를 찾았다. 주유 후에는 고향으로 돌아가 교육 활동에 전념하였으며 수많은 뛰어난 제자를 길러냈다.

공주(公主)
gong zhu

왕의 정실왕비가 낳은 딸에 대한 칭호. 이 명칭은 중국의 진·한 시대 때 황제가 딸의 혼인을 삼공(三公), 대사마·대사공·대사도)에게 맡겨 주관하도록 한데서 비롯되었다. 중국에서는 주위의 군주를 회유하기 위하여 외민족(外民族)에게 출가시킨 제실이나 왕족의 부녀를 화번공주(和蕃公主)라고 하였는데, 고려 시대 충렬왕(忠烈王) 이후 공민왕에 이르기까지 7명의 왕에게 출가해 온 원나라의 공주가 그 예이다. 우리나라의 경우 삼국 시대 이전부터 이 명칭을 사용하였으며, 고대에는 고구려의 왕자 호동(好童)과의 비련의 주인공 낙랑공주(樂浪公主), 고구려 평원왕의 딸로서 온달(溫達)에게 시집간 평강공주(平岡公主) 등이 있다. 또한, 고려 시대는 공주에게 정1품 품계를 주었으며, 조선 전기의 『경국대전』에서는 왕의 정실이 낳은 딸을 공주라 하고, 측실이 낳은 딸을 옹주(翁主)라 하여 구별하는 한편, 공주는 품계를 초월한 외명부(外命婦)의 최상위에 올려놓았다.

장쑤성 난징시 공자의 묘에 세워져 있는 공자의 상